MANUAL
DE DIREITO
FINANCEIRO
E TRIBUTÁRIO

SÉRIE ESTUDOS JURÍDICOS: DIREITO EMPRESARIAL E ECONÔMICO

inter
saberes

Marcos da Cunha e Souza

inter
saberes

Rua Clara Vendramin, 58 . Mossunguê . Cep 81200-170 . Curitiba . PR . Brasil
Fone: (41) 2106-4170 . www.intersaberes.com.br . editora@intersaberes.com

Conselho editorial Dr. Alexandre Coutinho Pagliarini, Drª. Elena Godoy, Dr. Neri dos Santos, Mª Maria Lúcia Prado Sabatella ▪ **Editora-chefe** Lindsay Azambuja ▪ **Gerente editorial** Ariadne Nunes Wenger ▪ **Assistente editorial** Daniela Viroli Pereira Pinto ▪ **Preparação de originais** Ana Maria Ziccardi ▪ **Edição de texto** Caroline Rabelo Gomes, Letra & Língua Ltda. - ME ▪ **Capa** Luana Machado Amaro ▪ **Projeto gráfico** Mayra Yoshizawa ▪ **Diagramação e *designer* responsável** Luana Machado Amaro ▪ **Iconografia** Regina Claudia Cruz Prestes

Dados Internacionais de Catalogação na Publicação (CIP)
(Câmara Brasileira do Livro, SP, Brasil)

Souza, Marcos da Cunha e
   Manual de direito financeiro e tributário / Marcos da Cunha e Souza. -- Curitiba, PR : InterSaberes, 2024. -- (Série estudos jurídicos : direito empresarial e econômico)

   Bibliografia.
   ISBN 978-85-227-0867-3

   1. Direito financeiro - Brasil 2. Direito tributário - Brasil I. Título. II. Série.

23-177178   CDU-34:336:336.2(81)

Índices para catálogo sistemático:
1. Brasil : Direito financeiro e direito tributário 34:336:336.2(81)

Cibele Maria Dias - Bibliotecária - CRB-8/9427

1ª edição, 2023.

Foi feito o depósito legal.

Informamos que é de inteira responsabilidade do autor a emissão de conceitos.

Nenhuma parte desta publicação poderá ser reproduzida por qualquer meio ou forma sem a prévia autorização da Editora InterSaberes.

A violação dos direitos autorais é crime estabelecido na Lei n. 9.610/1998 e punido pelo art. 184 do Código Penal.

Sumário

11 ▪ Apresentação

Capítulo 1
15 ▪ **Direito financeiro: aspectos introdutórios**
16 | Contextualização
23 | Conceito de direito financeiro
27 | Relação do direito financeiro com outros ramos do direito
32 | Receitas e despesas públicas
45 | Crédito público

Capítulo 2
47 ▪ **Orçamento público**
49 | Princípios orçamentários
60 | Leis orçamentárias
68 | Dívida pública
72 | Tribunais de Contas
76 | Responsabilidade fiscal

Capítulo 3
81 ▪ Tributo e direito tributário
83 | Conceito de tributo
93 | Direito tributário
98 | Fontes do direito tributário
104 | Espécies tributárias

Capítulo 4
119 ▪ Competência tributária e limitações ao poder de tributar
120 | Competência tributária
128 | Limitações ao poder de tributar: princípios
138 | Limitações ao poder de tributar: imunidades

Capítulo 5
143 ▪ Da hipótese de incidência à obrigação tributária
146 | Hipótese de incidência
150 | Fato gerador
157 | Obrigação tributária principal
159 | Obrigações tributárias acessórias
162 | Sujeitos da obrigação tributária

Capítulo 6
187 ▪ Lançamento e crédito tributário
188 | Lançamento
210 | Crédito tributário

Capítulo 7
215 ▪ **Hipóteses de suspensão, extinção e exclusão do crédito tributário**
217 | Suspensão do crédito tributário
226 | Extinção do crédito tributário
247 | Exclusão do crédito tributário

Capítulo 8
251 ▪ **Garantias e privilégios do crédito tributário**
252 | Garantias do crédito tributário
255 | Privilégios do crédito tributário

263 ▪ *Considerações finais*
265 ▪ *Referências*
281 ▪ *Sobre o autor*

Dedico esta obra aos laços de amor recíproco que unem minha esposa, Monique, aos meus pais, Regina Stela e César Augusto.

Apresentação

A presente obra surge em um momento de profundo debate, na sociedade brasileira, sobre a questão do equilíbrio das contas públicas e do montante da carga tributária. Embora haja consenso sobre a urgente necessidade de reformas, há grande divergência a respeito de todos os pontos de debate. Discute-se até se o equilíbrio das contas públicas não deveria ser redefinido, ou minimizado, em prol de outros valores.

Nesse contexto, o objetivo deste livro é ser aquilo que ele se propõe no título: ser um manual de direito financeiro e de direito tributário. Em outras palavras, ele nasce com a pretensão de ser uma obra de fácil consulta, tanto para aqueles que nunca estudaram essas disciplinas quanto para uma modalidade de veteranos que busca um meio de consulta ágil, mas suficientemente profundo, para tirar dúvidas e recuperar conceitos. Para tanto, esta obra apresenta exemplos práticos, que tentam ajudar o leitor a visualizar certos aspectos do direito tributário.

Advertimos o leitor de que foi uma escolha consciente não dedicar um capítulo específico para descrever cada um dos impostos brasileiros. Esta obra dá ênfase aos fundamentos do direito tributário, aspectos que continuarão sendo centrais, mesmo após uma reforma legislativa. Ademais, tentar resumir, em três páginas, tributos como o Imposto sobre Operações relativas à Circulação de Mercadorias e sobre Prestações de Serviços de Transporte Interestadual e Intermunicipal e de Comunicação (ICMS) ou o Imposto Sobre Serviços (ISS) pode causar mais dúvidas do que certezas na mente do leitor. Não obstante, diferentes tributos têm seus aspectos essenciais referidos quando discorremos sobre hipótese de incidência, substituição tributária, prescrição, decadência, competências tributárias etc.

Tendo tudo isso em mente, os Capítulos 1 e 2 são dedicados ao direito financeiro, com especial ênfase ao orçamento. No Capítulo 3, tratamos, principalmente, do conceito de tributo e de direito tributário.

No Capítulo 4, o ponto central são questões de grande interesse prático, a saber: as competências tributárias e as limitações constitucionais ao poder de tributar. No Capítulo 5, abordamos controvérsias relacionadas à hipótese de incidência, ao fato gerador e à obrigação tributária. Ainda, ao abordarmos os sujeitos da obrigação tributária, dedicamos certo espaço a diferentes espécies de sujeição passiva, com exemplos.

No Capítulo 6, quase que inteiramente, analisamos as modalidades de lançamento e suas controvérsias. No Capítulo 7, tratamos das hipóteses de suspensão, extinção e exclusão do crédito tributário. Por fim, no Capítulo 8, abordamos as garantias e os privilégios do crédito tributário.

No dia a dia, escutamos muitas opiniões curiosas ou incisivas sobre o direito tributário e seus efeitos, bem como notícias assustadoras sobre o andamento da lei orçamentária no Congresso Nacional. Esperamos que este livro, além dos objetivos traçados anteriormente, também seja útil para que os leigos possam ter uma visão um pouco mais clara dessas questões e possam embasar, com mais segurança, as respostas a seus questionamentos.

Capítulo 1

*Direito financeiro:
aspectos introdutórios*

Neste primeiro capítulo, apresentaremos uma visão geral do direito financeiro, partindo de sua razão de ser, antes de apontar seu conceito, os ramos do direito que o influenciam e a caracterização das receitas e das despesas públicas.

— 1.1 —
Contextualização

O leitor, provavelmente, está familiarizado com as diferenças entre o direito privado e o direito público, embora essa classificação não seja perfeita e existam ramos do direito que não se enquadram perfeitamente em nenhuma dessas duas grandes famílias.

Ainda assim, é importante começar este capítulo referindo que existem ramos do direito em que a vontade das partes envolvidas é especialmente levada em conta, em várias situações. Essa circunstância é patente nas obrigações que surgem no campo do direito empresarial e do direito civil e que estão afetas ao **direito privado**. Isso é assim porque nossa sociedade considera que, para essas questões, o mais eficiente é que as próprias partes envolvidas decidam o que lhes parece melhor, cabendo às normas oriundas do Estado um papel secundário.

Na venda de um imóvel, por exemplo, as partes negociam o preço, as parcelas, os prazos, as condições de entrega, entre outros aspectos. O direito, a seu turno, disciplinará o procedimento de registro da transmissão da propriedade, oferecerá soluções para o caso de inadimplemento da obrigação, entre outras questões.

Existem outros ramos do direito, entretanto, em que a imposição da norma ou de princípios será bem mais intensa, podendo abarcar quase todas as decisões a serem tomadas. É o que ocorre, por exemplo, com o direito financeiro e o direito tributário.

A obtenção de recursos financeiros pelo Estado, as regras para sua utilização e as modalidades de tributos a incidirem sobre os diferentes comportamentos das pessoas são questões que não podem ser livremente resolvidas pelos particulares, ou mesmo pelo gestor público. O vendedor de um imóvel não pode decidir com o comprador se esse negócio jurídico deverá ou não dar ensejo a um imposto sobre a transmissão do bem. O servidor do Fisco não pode dispensar a cobrança do tributo. Esse recurso pecuniário não está sob o manto de disponibilidade dessas pessoas. Nesse caso, estamos na esfera do direito público, no qual a incidência do tributo será compulsória.

Os ramos do direito que estão abarcados pelo **direito público** submetem-se à supremacia do interesse público sobre os interesses individuais. Eles obrigam todos e estão voltados à realização do bem comum.

Nesse sentido, as finanças privadas se distinguem das finanças públicas porque as primeiras estão abertas à livre iniciativa da sociedade, sujeitas a princípios e regras estranhos à regulamentação financeira imposta pela Constituição Federal (Brasil, 1988b) e pela legislação correlata (Torres, 2009).

As finanças públicas necessitam de uma regulamentação estrita, por diferentes motivos. Delas depende a própria sobrevivência do Estado e de suas atividades cotidianas. Ademais, a obtenção dos recursos em favor do Estado não pode ser arbitrária ao ponto de tiranizar a população ou tornar as atividades econômicas inviáveis. Por fim, as receitas a que o Estado tem direito, obviamente, não pertencem aos governantes, não sendo lícito que eles disponham delas a seu bel-prazer.

Essa questão é central e está na essência da compreensão deste capítulo e dos seguintes. Em muitos aspectos, nem precisaria ser explicitada pelo legislador. Ainda assim, por segurança, é ressaltada aqui e acolá, como se depreende do seguinte dispositivo da Lei n. 5.172, de 25 de outubro de 1966, o Código Tributário Nacional (CTN):

> Art. 123. Salvo disposições de lei em contrário, as convenções particulares, relativas à responsabilidade pelo pagamento de tributos, não podem ser opostas à Fazenda Pública, para modificar a definição legal do sujeito passivo das obrigações tributárias correspondentes. (Brasil, 1966)

Sob outro ângulo, existe a questão do equilíbrio das contas públicas, a qual sempre foi uma questão política – mais do que técnica – em muitos países. No Brasil, mal foi promulgada a Constituição Federal (CF) de 1988, percebeu-se que a questão não fora adequadamente discutida, de modo que o endividamento do Estado continuava a ser um dos principais entraves ao desenvolvimento nacional, visto que não sobravam recursos para investimentos públicos.

Desde então, os diferentes governos e o Congresso Nacional têm se batido ao redor da discussão relacionada ao equilíbrio das contas públicas. Algumas correntes, inclusive, advogando que esse equilíbrio seria uma questão secundária, de menor importância. Em alguns momentos, o Poder Executivo buscou aprovar alterações legislativas voltadas à responsabilidade fiscal, enquanto, em outros estágios, recorreu-se ao Parlamento na tentativa de flexibilizar esse equilíbrio, com vistas a um aumento dos gastos públicos.

O pano de fundo dessas disputas é sempre o montante de nossa dívida pública, que se alastra também pelos estados[11] e municípios e que consome grande parte da receita.

Nesse contexto, o Poder Executivo tenta aprovar seu orçamento para o ano seguinte, indicando as receitas previstas e apontando como elas deverão ser despendidas: pagamento do salário dos servidores, previdência social, juros da dívida pública,

---

1 Nota do autor: neste livro, sempre que a palavra estado estiver com letra inicial minúscula, estamos nos referindo aos estados que compõem a federação brasileira. Exemplo: Paraná, São Paulo, Bahia etc. Quando usarmos Estado, com letra inicial maiúscula, estamos nos referindo a diferentes figuras políticas, a depender do contexto. Pode ser qualquer ente de direito internacional público, dotado de soberania. Mas, geralmente, será uma referência ao Estado brasileiro, formado pela União Federal, pelos estados, pelos municípios e pelo Distrito Federal. Assim, por exemplo, quando falamos em tributos recolhidos pelo Estado, são tributos que tanto podem ser recolhidos pelos municípios quanto pelos estados, pela União, pelo Distrito Federal. Mas, quando dizemos que o ICMS é um imposto da competência dos estados, estamos nos referindo ao Paraná, ao Rio de Janeiro, ao Pará, etc. Esse alerta é importante porque, durante todo o estudo do direito, independentemente da disciplina, o leitor encontrará diferentes sentidos para a palavra "estado" e deverá ser capaz de compreender o significado em função do contexto.

saúde, educação, segurança pública e, se possível, investimentos em infraestrutura e pesquisa.

Esse processo de elaboração do orçamento público é, comumente, ignorado pela maioria da população brasileira, no entanto é uma das principais funções do Poder Legislativo e da qual dependerá o funcionamento do Estado por todo o ano seguinte. Daí o grande empenho dos partidos políticos, inclusive os de oposição, para deixar sua marca, suas prioridades, estampadas na Lei Orçamentária. E, embora o Estado brasileiro não consiga atender às expectativas de sua população, o montante de recursos é espantoso.

A título de exemplo, citemos a Lei n. 14.735, de 17 de janeiro 2023, Lei Orçamentária Anual (LOA) para o ano de 2023 (Brasil, 2023a), em que "a receita da União é estimada em R$ 5,345 trilhões, e as despesas no mesmo valor" (Borges, 2023), cerca de um trilhão de dólares. Grande parte dessa receita, contudo, precisou ser obtida por meio do endividamento do Estado. A previsão de déficit para 2023 era de 231 bilhões de reais (Agência Senado, 2022).

Face à gravidade do tema e ao montante dos valores envolvidos, o Estado brasileiro viu-se na necessidade de desenvolver normas e princípios voltados à organização não só dos procedimentos relativos à redação do orçamento público, mas também dos meios de arrecadação da receita e de realização das despesas. E esse desenvolvimento normativo, com forte viés constitucional, não ocorreu de maneira isolada, mas obedeceu a tendências ditadas em um contexto de evolução global, em diferentes sociedades.

No decorrer de boa parte da história, os recursos do Estado se confundiam com os recursos pessoais dos monarcas, como se pode constatar na França do rei Luís XIV (1643-1715), famoso por declarar: "O Estado sou eu" (Souza, 2018). Após as revoluções liberais do século XVIII e do XIX, mesmo onde o regime monárquico sobreviveu, as classes dominantes passaram a exigir maior controle dos gastos públicos, como meio de manter sob controle a carga tributária.

Ainda assim, durante o século XIX e o início do século XX, época em que floresceu o liberalismo econômico na Europa e até nas Américas, o controle das finanças públicas tendia a ser mais simples do que o que se vê hoje. Isso era assim porque o Estado não assumia muitas responsabilidades além de segurança pública, forças armadas, manutenção do Poder Judiciário e emissão de moeda (Souza, 2018). A construção de estradas de ferro e de outros equipamentos de interesse público era, geralmente, entregue à iniciativa privada. Mesmo a educação pública, no Brasil, tinha um alcance reduzido.

Esse Estado mínimo, no entanto, começou a ser duramente questionado no Brasil e em diferentes países após a crise de 1929. O primeiro governo de Getúlio Vargas (1930-1945) passou a oferecer um Estado intervencionista, que deveria estar mais intimamente voltado à realização do bem comum. No espírito da época, isso incluía investimentos do próprio Estado na atividade econômica pela criação de empresas estatais. Mas não apenas. A despesa pública precisou acompanhar o aumento da rede de saúde, de assistência e previdência social. Com o passar das décadas, outras questões foram chamando a atenção da Administração Pública, como é o caso da proteção do meio ambiente e do acesso à cultura e ao lazer.

Em suma, questões que foram elevadas ao patamar do interesse comum (coletivo) precisaram ser entregues a pessoas jurídicas de direito público interno – municípios, estados, União Federal ou Distrito Federal – ou a empresas e autarquias por elas designadas para o cumprimento dessas missões.

Essas políticas públicas, entretanto, têm um custo financeiro, que, em muitos países, tende a se expandir, conforme o Estado identifique o surgimento de demandas para as quais as pessoas, isoladamente, não se mostrem capazes de suprir por si próprias. Assim foi o caso dos auxílios emergenciais concedidos a milhões de famílias brasileiras durante a pandemia de covid-19.

No caso do Brasil, a ampliação do Estado social, voltado ao atendimento das mais básicas necessidades da população (educação, saúde, assistência e previdência social) não veio acompanhada, na mesma proporção, por um desenvolvimento econômico sustentável e por um eficiente controle da qualidade dos gastos públicos. Logo se percebeu que parte do problema passava pela Constituição Federal de 1988, cujo texto dificultava a modificação de certos aspectos conjunturais das finanças públicas e que seriam necessários para a obtenção do equilíbrio orçamentário e correção de desvios do sistema tributário (Torres 2009). Assim, já a partir do primeiro governo Fernando Henrique Cardoso (1995-1998), o Estado passou a enfrentar sucessivas reformas tributárias, patrimoniais e previdenciárias, com o objetivo de buscar um equilíbrio entre receitas e despesas. Esse objetivo ainda não foi alcançado, dado o volume da dívida do Estado brasileiro e o consequente pagamento de juros aos credores.

— 1.2 —
Conceito de direito financeiro

Na seção anterior, fizemos referência ao aumento de gastos públicos em função da expansão da atuação do Estado na sociedade. A atividade financeira do Estado, portanto, deve ser vista como uma atividade-meio. Em outras palavras, arrecadar ou dispender recursos financeiros são apenas instrumentos para que possa cumprir seus objetivos: educação, saúde, infraestrutura, previdência social etc. Ainda assim, resta evidente que, sem uma atividade financeira eficaz e bem planejada, o Estado não pode exercer, de modo eficiente, as ações que justificam a sua existência.

O arcabouço da atuação financeira do Estado é reflexo de seu poder soberano (soberania interna), assim como ocorre com o poder de polícia e com o poder para impor a lei penal.

Especialmente em seu aspecto tributário, a atividade financeira do Estado é elemento que afeta a vida do cidadão, mas esse poder encontra limite na liberdade individual.

Para que o Estado atinja seus objetivos, esclarece Abraham (2021, p. 48, grifo nosso):

> a atividade financeira dependerá da identificação, análise e compreensão de inúmeras variáveis, causas e efeitos. O estudo dessa atividade investigativa e de pesquisa é o objeto da **Ciência das Finanças**, que observa e descreve os fatos relevantes e inerentes à sociedade, à economia e à política, analisa abstratamente as causas e as consequências da sua realização, para, finalmente, indicar os meios ideais a fim de alcançar seus desígnios.

A ciência das finanças não se confunde com o direito financeiro. A ciência envolve princípios e conceitos que guardam relação com aspectos econômicos, políticos, sociológicos, administrativos, assim como jurídicos. O direito financeiro, a seu turno

> é o ramo do Direito Público destinado a disciplinar a atividade financeira do Estado, ou seja, é o conjunto de normas que regula o relacionamento do Estado com o cidadão para arrecadar, gerir e aplicar os recursos financeiros, de acordo com o interesse público. (Abraham, 2021, p. 52)

Conforme leciona Torres (2018, p. 11), cabe ao direito financeiro "disciplinar a constituição e a gestão da Fazenda Pública, estabelecendo as regras e procedimentos para a obtenção da receita pública e a realização dos gastos necessários à consecução dos objetivos do Estado".

Em complemento, citemos Carneiro (2020, p. 33), que ressalta a

> influência direta do Direito Financeiro na normatização dos elementos da atividade financeira estatal, de modo que a utilização do dinheiro público seja feita de forma transparente e, sobretudo, regida pela legalidade, pois a lei nada mais é do que a participação do povo em uma democracia.

Em síntese, a atividade financeira do Estado é uma ferramenta para que ele alcance seus objetivos. A ciência das finanças é a disciplina que oferece métodos e estuda processos relacionados à obtenção e ao dispêndio de recursos necessários ao funcionamento da máquina estatal. O direito financeiro, por sua vez, é o arcabouço jurídico necessário ao funcionamento da atividade financeira do Estado, que, como ponto de partida, deve ser realizada de maneira transparente e republicana.

De acordo com Regis Fernandes de Oliveira (2013, p. 11), inclui-se no direito financeiro: "a) as receitas não tributárias; b) as despesas; c) o orçamento; d) o controle orçamentário que engloba os Tribunais de Contas; e) a dívida pública; e f) a responsabilidade fiscal".

Cláudio Carneiro (2020), por sua vez, aduz que o exercício da atividade financeira estatal relaciona-se à normatização de quatro elementos da atividade de cada um dos entes federativos, a saber: 1) obtenção de receita, 2) realização de despesa, 3) orçamento e 4) crédito.

Embora os tributos constituam a principal origem das receitas arrecadadas pelo Estado, há controvérsias se eles estão incluídos entre os aspectos abrangidos pelo direito financeiro, porque há contornos muito singulares na atividade tributária. Sua importância para a sobrevivência do Estado e a resistência, por parte dos contribuintes, que ela comumente gera, obrigaram o legislador constituinte e o legislador ordinário a estabelecer um nível de regulamentação que ultrapassa, em muito, aquele do direito financeiro.

Disso também resultou o surgimento de princípios próprios, que deram origem ao direito tributário, como ramo autônomo. Desse modo, faz sentido a conclusão de Hugo de Brito Machado (2009, p. 55) quando, liderando outros doutrinadores, afirma que "o Direito Financeiro regula toda a atividade financeira do Estado, menos a que se refere à tributação".

Ricardo Lobo Torres (2018), em sentido contrário, sustenta que o direito tributário está abrangido pelo direito financeiro em sua parte que cuida da receita pública. Nesse caso, ele seria o ramo mais desenvolvido do direito financeiro e o que oferece as regras mais bem elaboradas.

O direito financeiro desdobra-se em diferentes temas, como: orçamento público, receita pública, despesa pública, responsabilidade fiscal, contabilidade pública e, dependendo da corrente doutrinária adotada, tributação. Antes de tratarmos desses temas, contudo, precisamos abordar a relação do direito financeiro com outros ramos do direito.

— 1.3 —
Relação do direito financeiro com outros ramos do direito

Embora, atualmente, não se questione muito a afirmação de que o direito financeiro é um ramo autônomo do direito, esse já foi um ponto de discórdia há algumas décadas. Conforme pontua Carneiro (2020), ele está intimamente vinculado a outros sistemas, inclusive externos ao direito, como a ciência das finanças. Sua autonomia, segundo o mesmo autor, advém da existência de institutos e princípios específicos, como é o caso da responsabilidade fiscal e de outros temas que serão oportunamente examinados.

O direito é um só, dado que é um sistema formado por ramos que se completam, emprestando princípios, conceitos, institutos. Assim, o direito financeiro, embora autônomo, não pode existir ou se desenvolver divorciado do todo. E, de fato, ele relaciona-se com vários ramos do direito. Nas seções a seguir, trataremos dos mais importantes.

— 1.3.1 —
Direito constitucional

Mais do que nunca, o direito financeiro tem suas linhas gerais fixadas pelo direito constitucional, que é "o tronco da Árvore Jurídica, donde nascem os diversos ramos" (Harada, 2021, p. 20). Abraham (2021) fala em uma verdadeira constitucionalização do direito financeiro, a partir da Constituição Federal de 1988. Ricardo Lobo Torres (2009, p. 3) segue na mesma direção ao se referir à ordem constitucional brasileira e identificar, dentro dela, uma "Constituição Financeira" como sendo um subsistema constitucional que abriga "os princípios e regras constitucionais da atividade financeira do Estado".

A Constituição Federal brasileira (Brasil, 1988b) libertou o direito financeiro de uma condição subalterna, meramente contábil e formalista, visto que, como afirma Abraham (2021, p. 94), "vários de seus institutos não somente passam a ser previstos textualmente na Constituição, mas todos eles, onde quer que estejam expressos, tomam forma a partir dos princípios e valores constitucionais (conformação constitucional)".

Se tomarmos como exemplo as palavras *orçamento, orçamentário, orçamentária* e seus plurais, que envolvem um dos tópicos centrais do direito financeiro, elas aparecem mais de uma centena de vezes na Constituição Federal.

Os anos seguintes à promulgação da Constituição de 1988 fortaleceram essa noção, em vista de emendas constitucionais voltadas para o equilíbrio das contas públicas. Assim, podemos citar a Emenda Constitucional n. 109, de 15 de março de 2021 (Brasil, 2021a), que apontou direções a serem adotadas pelo Estado brasileiro no tocante à sustentabilidade da dívida pública brasileira (CF, art. 163, VIII, e art. 164-A), uma moléstia crônica, que se arrasta desde o reconhecimento de nossa independência.

A influência da norma constitucional também pode ser aferida em detalhes que confirmam a tendência da Constituição de 1988 em disciplinar questões que, normalmente, não caberiam a ela. A título de exemplo, o art. 29-A, parágrafo 1º, da CF de 1988, que assim determina: "A Câmara Municipal não gastará mais de setenta por cento de sua receita com folha de pagamento, incluído o gasto com o subsídio de seus Vereadores" (Brasil, 1988b). Se, por um lado, essa tendência, engessa aspectos sensíveis do projeto orçamentário e da execução da lei orçamentária, por outro lado, também tem sido importante para a busca de um equilíbrio fiscal.

— 1.3.2 —
Direito administrativo

A relação do direito financeiro com o direito administrativo é bastante estreita. Como bem diz Abraham (2021, p. 52):

> Por meio das normas do Direito Administrativo é que o Estado irá atender às necessidades públicas e realizará sua função.

Por possuir o mesmo sujeito de direito – o Estado –, o Direito Financeiro sofre grande influência dos princípios e regras do Direito Administrativo.

Cláudio Carneiro (2020) lembra que parte da doutrina, liderada por Amílcar Falcão, chegou a defender a tese de que o direito financeiro seria apenas um sub-ramo do direito administrativo. É certo que muitas normas voltadas ao direito administrativo, pela sua própria natureza, serão imediatamente incorporadas às lacunas deixadas pelo direito financeiro, nem por isso, no entanto, podemos falar em uma primazia do direito administrativo. Esse fenômeno estaria mais ligado à manutenção da coerência do sistema jurídico como um todo. Adotamos aqui, portanto, a tese que aposta na autonomia do direito financeiro, por todas as suas peculiaridades e pelo seu objeto.

De toda sorte, cumpre salientar que muitos atos relacionados à arrecadação, ao orçamento e à despesa pública seguem princípios típicos do direito administrativo, tais como os princípios da legalidade, da moralidade, da publicidade e da eficiência.

— 1.3.3 —
Direito tributário

O direito tributário e o direito financeiro têm uma relação bastante peculiar. Embora, hoje, alguns possam ver o direito tributário como um ramo do direito financeiro, é certo que aquele precede este. Justamente pela reação que diferentes povos, desde sempre, opuseram à tributação, normas tributárias surgiram vários séculos antes de se pensar em um direito financeiro. O direito tributário está, indiscutivelmente, ligado à atividade de arrecadação de receitas pelo Estado, uma das principais preocupações do direito financeiro. Contudo, considerando-se que a tributação atinge toda a sociedade, de maneira direta ou indireta, retirando de circulação um percentual considerável de toda a riqueza produzida no país, o direito tributário adquiriu uma visibilidade maior do que o direito financeiro.

E não apenas isso: em defesa ora dos contribuintes, ora da administração tributária, ele se viu forçado a adotar princípios que lhe são totalmente próprios. Tudo isso gerou uma necessidade de especialização que afastou o direito tributário do direito financeiro. Assim, consolidou-se o direito tributário como ramo autônomo, "que tem por finalidade reger as relações jurídicas que se estabelecem entre o Estado e os particulares no exercício da atividade financeira relativa à arrecadação dos tributos" (Fabretti, 2012, p. 4-5).

Contudo, por ser evidente a impossibilidade de manutenção das finanças públicas sem tributação, o estudo do direito financeiro não é possível sem que se faça referência à receita tributária.

Por fim, cumpre lembrar que o direito financeiro também mantém uma profunda relação com algumas ciências extrajurídicas, como a economia e a ciência das finanças. Ademais, é permeável na direção da ética e da filosofia, onde vai buscar "seus fundamentos e a definição básica dos valores" (Torres, 2018, p. 14).

— 1.4 —
Receitas e despesas públicas

Em um mundo marcado pela escassez de recursos, tanto as pessoas físicas quanto as jurídicas precisam refletir constantemente sobre seus gastos, com base nas receitas e bens disponíveis. Aqueles que gastam sem controle, cedo ou tarde, enfrentam sérios problemas. O mesmo ocorre com os países.

Nesta seção, analisaremos a natureza das receitas e das despesas públicas.

— 1.4.1 —
Receitas públicas

Chama-se *ingresso* ou *entrada* toda quantia em direito recebida pelos cofres públicos. A receita pública é um tipo de ingresso, mas com uma característica especial, pois ela corresponde ao montante de dinheiro efetivamente **incorporado ao patrimônio do Estado**, por diferentes meios, e que será utilizado para cobrir os gastos públicos.

Assim, por exemplo, quando o Estado recebe uma indenização por um prejuízo causado por um particular, esse valor é um ingresso, mas não é receita. Afinal, ele apenas veio substituir algo que já existia.

Também não é receita a caução que uma empresa entrega ao Estado como garantia de que, efetivamente, irá realizar uma obra pública. Isso porque, cumprida a obrigação, o valor será devolvido.

Dito em outras palavras,

> toda receita pública é uma entrada, mas nem toda entrada é uma receita pública, pois somente se qualifica como receita pública a entrada de recursos que se efetive de maneira permanente (definitiva) no patrimônio do Estado, isto é, que não esteja condicionada à sua devolução ou correspondente baixa patrimonial. (Ramos Filho, 2022, p. 108)

Nas palavras de Carneiro (2020, p. 46),

> a receita é considerada a entrada ou o ingresso definitivo de dinheiro nos cofres públicos, de que o Estado lança mão para fazer frente às suas despesas, com o intuito de realizar o interesse público e movimentar a máquina administrativa

As receitas públicas, que, geralmente, correspondem a uma parcela bastante expressiva do Produto Interno Bruto (PIB) de cada país, em sua maior parte, são obtidas de fontes privadas, sejam elas pessoas físicas, sejam pessoas jurídicas. Isso porque os diferentes entes que compõem a Federação brasileira não desempenham atividades econômicas que sejam suficientemente relevantes para obter os recursos de que necessitam.

Em outras palavras, não são financeiramente autossuficientes. Essa constatação contrasta com políticas públicas adotadas no passado, quando o Estado brasileiro investiu na criação ou na aquisição de grandes empresas, como a Companhia Siderúrgica Nacional (CSN), a Fábrica Nacional de Motores (FNM), a Companhia Vale do Rio Doce e a Petróleo Brasileiro (Petrobras).

Entre as classificações que a doutrina reserva às receitas públicas, a mais tradicional é aquela que as divide entre receitas originárias e derivadas. A diferença, nesse caso, leva em consideração a forma de recebimento dos recursos.

Receitas originárias

De acordo com Abraham (2021, p. 142):

> As receitas originárias ou ingressos patrimoniais decorrem da exploração pelo Estado dos seus bens e serviços ou do recebimento de recursos provindos voluntariamente do particular. Atua o Estado despido do caráter coercitivo de natureza pública, agindo como se particular fosse, sob o regime do Direito Privado, porém, limitado pelas normas de proteção da coisa pública, como aquelas do Direito Administrativo.

As receitas originárias "são as que decorrem da exploração do patrimônio do Estado, compreendendo os preços públicos, as compensações financeiras e os ingressos comerciais" (Torres,

2018, p. 182). Nas palavras de Harada (2021, p. 48), "são aquelas que resultam da atuação do Estado, sob o regime de direito privado, na exploração de atividade econômica e com o intuito de lucro".

Em países avessos ao exercício, pelo Estado, de atividades típicas da iniciativa privada, essas receitas são menos expressivas. Embora, no passado, o governo brasileiro tenha criado muitas empresas estatais, essa participação vem sendo reduzida desde a Constituição Federal de 1988, que, em seu art. 173, assim dispõe:

> Art. 173. Ressalvados os casos previstos nesta Constituição, a exploração direta de atividade econômica pelo Estado só será permitida quando necessária aos imperativos da segurança nacional ou a relevante interesse coletivo, conforme definidos em lei. (Brasil, 1988b)

Em que pese essa regra, o Estado brasileiro obtém parte de suas receitas por meio da exploração de certas atividades que são típicas do setor privado. A Petrobras, o Banco do Brasil e a Caixa Econômica Federal são exemplos ainda presentes de empresas controladas pela União Federal e que exercem atividades econômicas lucrativas.

No caso da Petrobras, sua razão de existir era o temor de que a ausência do Estado na busca por reservas de petróleo e em sua extração resultasse na escassez de derivados no mercado interno ou na oferta de combustível por preços excessivos.

Os lucros obtidos por essas empresas, que, em alguns anos, chegam a vários bilhões de reais, geram dividendos que são repassados ao Estado. No passado, quase todos os estados da Federação possuíam seus próprios bancos estatais (públicos). Era o caso do Banco do Estado de São Paulo (Banespa), em São Paulo, e do Banco do Estado do Paraná (Banestado), no Paraná.

Nessas hipóteses, observamos uma adoção, pelo Estado, de comportamentos típicos do regime jurídico de direito privado. São efetuadas operações de crédito com particulares, serviços são oferecidos ao público interessado, buscando algum tipo de lucro que garanta a sobrevivência dessas empresas, assim como lucro ao ente estatal. Em inúmeros casos, o lucro do Estado tem por origem contratos de prestação de serviço ou de compra e venda a particulares, sem qualquer elemento de coerção.

Ainda assim, essas empresas devem cumprir algumas regras típicas do direito público, de modo a evitar prejuízo ao patrimônio e ao interesse públicos.

Devemos perceber que, no caso do Banco do Brasil, entre outras estatais, a empresa atua em ampla concorrência com empresas privadas atuantes no mercado. As receitas oriundas dessas atividades são chamadas de **preços quase privados**.

Ainda no campo das receitas originárias, devemos mencionar as receitas obtidas pela exploração do patrimônio público, como a locação de seus bens imóveis, rendas pagas pela ocupação de terrenos de marinha e o licenciamento de uso de patentes de invenção.

No que tange aos estados e municípios, uma fonte que não pode ser negligenciada é a descrita no art. 20, parágrafo 1º, da Constituição, que dispõe sobre as "compensações financeiras" pelo uso de recursos naturais:

> § 1º É assegurada, nos termos da lei, à União, aos Estados, ao Distrito Federal e aos Municípios a participação no resultado da exploração de petróleo ou gás natural, de recursos hídricos para fins de geração de energia elétrica e de outros recursos minerais no respectivo território, plataforma continental, mar territorial ou zona econômica exclusiva, ou compensação financeira por essa exploração. (Brasil, 1988b)

Desse dispositivo constitucional, o aspecto mais conhecido são os "*royalties* do petróleo", que são repartidos entre os municípios, os estados e a União Federal.

Mas não podemos esquecer o papel dos **preços públicos** (tarifas), que não são tributos e têm origem na exploração do patrimônio público. O preço é uma obrigação contratual, assumida voluntariamente pelos particulares, oriunda de serviços públicos não essenciais que poderiam estar sendo prestados por empresas privadas. A título de exemplo, citamos as tarifas de ônibus percebidas por empresas públicas municipais. "Seu regime jurídico é de direito privado, informado pelo princípio da autonomia da vontade" (Harada, 2021, p. 52). Difere-se, portanto, da taxa, que é um tributo e cujo recolhimento é compulsório.

Por fim, a doutrina identifica as **receitas originárias a título gratuito**, como as doações puras e simples, bens vacantes e casos de prescrição aquisitiva (Jardim, 2020).

As receitas públicas originárias recebem diferentes denominações por parte da doutrina. São chamadas também de *receitas patrimoniais*, ou *de direito privado* ou *de economia privada* (Petter, 2009).

Receitas derivadas

As receitas derivadas são oriundas do patrimônio de particulares, de pessoas físicas e jurídicas. Elas são representadas "pelo tributo, pelos ingressos parafiscais e pelas multas" (Torres, 2018, p. 182).

Segundo Petter (2009, p. 42):

> As receitas derivadas são receitas que o Estado obtém mediante o recurso ao seu poder de autoridade, impondo aos particulares um sacrifício patrimonial que não tem por finalidade puni-los, nem resulta de qualquer contrato com eles estabelecido, mas que tem como fundamento assegurar a co-participação dos cidadãos na cobertura dos encargos públicos.

A principal fonte de receitas derivadas – e dos recursos do Estado brasileiro como um todo – advém da arrecadação de tributos, entre os quais os impostos são os mais relevantes.

As contribuições especiais (chamadas de *parafiscais*, por alguns) também estão nesse ramo, destinadas à Seguridade Social e à intervenção do Estado no domínio econômico. Trataremos sobre os tributos, de maneira aprofundada, a partir do Capítulo 3 deste livro.

As multas percebidas pelo Poder Público, tributárias ou não tributárias, também se transformam em receitas. Nesse campo, podemos incluir multas ambientais ou penalidades pelo descumprimento de normas administrativas impostas aos particulares. Também é correto mencionar aquelas aplicadas pelos juízes em ações penais.

— 1.4.2 —
Despesas públicas

A despesa é, em grande parte, uma decisão política, em função das necessidades públicas que, sob certos aspectos, são subjetivas. Como argumenta Petter (2009, p. 132), "verdade é que quanto mais democrática for uma sociedade tanto mais as despesas públicas serão realizadas levando em consideração o interesse da maioria".

Segundo Ricardo Lobo Torres (2018, p. 190), "a despesa e a receita são as duas faces da mesma moeda, as duas vertentes do mesmo orçamento. Implicam-se mutuamente e devem se equilibrar".

Piscitelli (2021, p. 120), seguindo a mesma direção, lembra que a despesa "para que seja realizada, depende de uma contrapartida em receita e o nível das receitas é determinante na qualidade e alcance das necessidades públicas".

A mesma autora define a despesa pública como

> o conjunto de gastos do Estado, cujo objetivo é promover a realização de necessidades públicas, o que implica o correto funcionamento e desenvolvimento de serviços públicos e manutenção da estrutura administrativa necessária para tanto. (Piscitelli, 2021, p. 120)

Entretanto, o termo *despesa pública* tem duas diferentes acepções: por um lado, "a despesa pública é **parte do orçamento**, representando, portanto, a distribuição e emprego das receitas para cumprimento das diversas atribuições da Administração" (Harada, 2021, p. 23, grifo nosso); por outro lado, pode significar a **utilização efetiva dos recursos** previstos no orçamento pelo agente público competente para o atendimento de atribuição de competência da administração pública (Harada, 2021).

De toda sorte, um dos aspectos essenciais a serem retidos é no sentido de que as despesas públicas devem ser autorizadas pelo Poder Legislativo e precisam ter uma fonte de financiamento. Desse modo, se a secretaria de educação de determinado estado fechou contrato para a compra de 200 computadores, é de se esperar que, na lei orçamentária para aquele ano, tenha a previsão de verba destinada à compra de produtos informáticos, ou um termo equivalente. Caso não haja essa previsão, será necessária a abertura de um crédito suplementar.

A despesa pública ocorre em função de três fases sucessivas: 1) o empenho, 2) a liquidação e 3) o pagamento.

O **empenho** "é o ato pelo qual se reserva, do total da dotação orçamentária, a quantia necessária ao pagamento" (Torres, 2018, p. 193).

Durante a **liquidação** da despesa, a Administração verifica se o credor efetivamente faz jus ao recebimento do pagamento. Assim, por exemplo, se o particular for uma empresa prestadora de serviços para o Estado, se a sua obrigação vem sendo cumprida regularmente, de acordo com o contrato firmado entre as partes.

Por fim, há o **pagamento**, precedido por uma ordem de pagamento feita pelo ordenador da despesa. O pagamento é efetuado nas tesourarias ou por meio dos bancos credenciados (Torres, 2018).

De acordo com o art. 12, da Lei n. 4.320, de 17 de março de 1964, que cuida das "normas Gerais de Direito Financeiro para elaboração e controle dos orçamentos e balanços da União, dos Estados, dos Municípios e do Distrito Federal" (Brasil, 1964), as despesas são divididas entre despesas correntes e despesas de capital.

Despesas correntes

As despesas correntes "são aquelas resultantes da manutenção das atividades próprias do Estado, tais como o custeio da estrutura administrativa" (Piscitelli, 2021, p. 124). Elas se dividem entre despesas de custeio e transferências correntes, como determinado na Lei n. 4.320/1964, art. 12.

O referido art. 12, em seu parágrafo 1º, define as **despesas de custeio** como "as dotações para manutenção de serviços anteriormente criados, inclusive as destinadas a atender a obras de conservação e adaptação de bens imóveis" (Brasil, 1964).

O ramo das despesas correntes recebeu a denominação de *transferências correntes*. O art. 12, parágrafo 2º, da Lei n. 4.320/1964 define-as como "as dotações para despesas as quais não corresponda contraprestação direta em bens ou serviços" (Brasil, 1964). O exemplo mais comum e que tem grande peso sobre os gastos públicos do país é o pagamento dos juros da dívida pública.

Percebemos que essas despesas não colaboram para o aumento do patrimônio do Estado. Sua função é, basicamente, contribuir para a continuidade deste (Piscitelli, 2021).

Despesas de capital

As despesas de capital têm potencial para aumentar o patrimônio público ou a produtividade e a eficiência dos agentes econômicos, pois elas incluem as obras públicas, a aquisição de imóveis, de materiais permanentes (duráveis), equipamentos e instalações e a concessão de empréstimos. Incluem também as subvenções sociais para auxiliar o funcionamento de entidades voltadas à saúde, educação e assistência social, de acordo com o art. 16 da Lei n. 4.320/1964.

Renúncia de receita

Um aspecto sutil da despesa pública é a renúncia de receita. Uma renúncia de receita (também conhecido como *gasto tributário*) ocorre quando o Estado oferece ou isenção fiscal, ou redução da base de cálculo, ou da alíquota de imposto (entre outros instrumentos) para incentivar alguma atividade econômica. Embora o Estado não esteja gastando esses recursos, a renúncia de receita produz o mesmo resultado econômico da despesa pública (Torres, 2018).

A Lei Complementar n. 101, de 4 de maio de 2000, que trata da **responsabilidade fiscal**, preocupa-se com os efeitos financeiros dos incentivos fiscais que vierem a ser criados ou ampliados pelo Estado (Brasil, 2000b). Isso porque, quando o Estado resolve isentar alguma atividade econômica da cobrança de Imposto sobre Produto Industrializado (IPI) – apenas para citar um exemplo –, ele está abrindo mão de uma receita a que tinha direito.

Sobre a temática, assim dispõe o art. 14 da Lei Complementar n. 101/2000:

Art. 14. A concessão ou ampliação de incentivo ou benefício de natureza tributária da qual decorra renúncia de receita deverá estar acompanhada de estimativa do impacto orçamentário-financeiro no exercício em que deva iniciar sua vigência e nos dois seguintes, atender ao disposto na lei de diretrizes orçamentárias e a pelo menos uma das seguintes condições:

I – demonstração pelo proponente de que a renúncia foi considerada na estimativa de receita da lei orçamentária, na forma do art. 12, e de que não afetará as metas de resultados fiscais previstas no anexo próprio da lei de diretrizes orçamentárias;

II – estar acompanhada de medidas de compensação, no período mencionado no caput, por meio do aumento de receita, proveniente da elevação de alíquotas, ampliação da base de cálculo, majoração ou criação de tributo ou contribuição. (Brasil, 2000b)

O parágrafo 1º do art. 14 da LC n. 101/2000 inclui, entre as hipóteses de renúncia de receita, a "anistia, remissão, subsídio, crédito presumido, concessão de isenção em caráter não geral, alteração de alíquota ou modificação de base de cálculo que implique redução discriminada de tributos ou contribuições, e outros benefícios que correspondam a tratamento diferenciado"[12](Brasil, 2000b).

---

2   Alguns desses termos serão esclarecidos neste livro, especialmente, na Seção 7.2, que trata da extinção do crédito tributário.

— 1.5 —
Crédito público

Como toda relação jurídica de crédito, nesse caso, também haverá um credor e um devedor.

O Estado, em muitos casos, irá se apresentar como devedor (empréstimo público), hipótese em que ele toma um empréstimo de terceiro, seja pela existência de um contrato de empréstimo público, seja porque emitiu títulos do Tesouro (Murakami, 2021). O montante dos empréstimos tomados por um ente da Federação constituirá sua dívida pública.

Os empréstimos públicos tornaram-se muito comuns após a quebra da Bolsa de Valores de Nova York (1929) e os efeitos nefastos da Segunda Guerra Mundial (1939-1945) sobre a economia de diferentes países. Sob a inspiração do economista britânico John Maynard Keynes (1883-1946), diferentes países, incluindo o Brasil, adotaram a tese de que o endividamento seria a solução mais eficiente para acelerar o desenvolvimento econômico em tempos de crise.

Ademais, caso esses países honrassem pontualmente seus empréstimos, seria possível conceder esses empréstimos a juros baixos. No caso do Brasil, embora essa política tenha gerado um pico de crescimento econômico entre 1968 e 1973, ela levou a um expressivo endividamento na década de 1980.

A rigor, os empréstimos tomados pelo Estado não são considerados receita pública, a realidade, no entanto, é que "perderam o caráter de medida extraordinária e ingressam o orçamento fiscal, juntamente com a previsão para o pagamento dos juros e das amortizações" (Torres, 2018, p. 223).

Excepcionalmente, quando o Estado, no uso de sua soberania interna, obriga o particular a emprestar ao ente público, o crédito tributário ganha contornos de tributo (Petter, 2009). Foi o que ocorreu, por exemplo, no empréstimo compulsório instituído pelo governo José Sarney (1985-1990) e incidente sobre a aquisição de automóveis e combustíveis.

Também há, entretanto, situações em que o Estado figura como credor. Nessa hipótese, é bem conhecido o uso do Banco Nacional de Desenvolvimento Econômico e Social (BNDES) para o financiamento de atividades privadas que o Estado achou por bem estimular (Murakami, 2021). Essa é uma forma de intervenção do Estado na economia.

Capítulo 2

Orçamento público

A famosa Magna Carta inglesa de 1215 já se preocupava em impedir que o rei coletasse recursos de seus súditos de maneira arbitrária. A vinculação do Estado a uma previsão de gastos e receitas por certo período de tempo, no entanto, coincide com a formação dos Estados modernos, especialmente, a partir dos séculos XVI e XVII, na Europa.

Em meio aos atritos entre os reis e seus súditos, há a resistência ao incremento da arrecadação tributária, em níveis que ultrapassavam o limite do suportável. A principal fonte de despesas advinha, então, das guerras e da construção de fortificações permanentes (Souza, 2002). Vale lembrar que o Estado, naquela época, não tinha um perfil de prestador de serviços públicos ou de assistência social.

Com as revoluções liberais iniciadas no século XVIII, assiste-se a uma constitucionalização do orçamento público na França e nos Estados Unidos (Torres, 2018), de modo a criar sistemas rigidamente predefinidos. Nesses dois países, os respectivos movimentos revolucionários – Revolução Francesa e Independência Americana – tinham, entre suas origens, discussões sobre a injustiça dos critérios adotados na tributação.

No Brasil, a Constituição do Império de 1824 já refletia as novas tendências voltadas à responsabilidade fiscal. Nossa primeira Carta constitucional dispunha que:

> Art. 172. O Ministro de Estado da Fazenda, havendo recebido dos outros Ministros os orçamentos relativos ás despezas das suas Repartições, apresentará na Camara dos Deputados

annualmente, logo que esta estiver reunida, um Balanço geral da receita e despeza do Thesouro Nacional do anno antecedente, e igualmente o orçamento geral de todas as despezas publicas do anno futuro, e da importancia de todas as contribuições, e rendas publicas. (Brasil, 1824, redação original)

Atualmente, o Estado brasileiro quase nunca consegue equilibrar a receita com a despesa. Além da má gestão endêmica do dinheiro público, o Estado ampliou, em muito, suas funções na área do bem-estar social. Em outro campo, também existem esforços esporádicos de aplicar recursos financeiros com o objetivo de fomentar a economia. Essa tendência ao desequilíbrio, no que toca à realidade brasileira, é uma das origens da Lei Complementar (LC) n. 101/2000, conhecida como Lei de Responsabilidade Fiscal (Brasil, 2000b), a qual será referida ao final deste capítulo.

Neste capítulo, abordaremos o orçamento público no sistema brasileiro, seus princípios e leis. Em seguida, trataremos da dívida pública e dos Tribunais de Contas.

— 2.1 —
Princípios orçamentários

O orçamento público, seja o da União, seja o dos demais entes da Federação, "é conhecido como uma peça que contém a aprovação prévia da despesa e da receita para um período determinado" (Harada, 2021, p. 80).

Para Abraham (2021, p. 320), a par dessa natureza, o orçamento público é também

> um documento que possui um aspecto político, uma vez que concretiza e revela as pretensões de realização e as prioridades e programas de ação da Administração Pública perante a sociedade, conjugando as necessidades e os interesses dos três Poderes, seus órgãos e entidades e seu funcionamento harmônico e interdependente.

Ele é fundamental para que o Estado organize um roteiro de suas ações no decorrer do ano considerando diferentes arranjos políticos que refletem as intenções do governo e dos membros do Poder Legislativo. No estágio de desenvolvimento administrativo e político do Brasil – e de muitos outros países –, um governo somente poderá cumprir os projetos que apresentou à sociedade se existir uma receita, previamente, destinada àquela despesa.

Para Carneiro (2020, p. 40, grifo nosso):

> a atividade financeira estatal é o conjunto de ações do Estado para a obtenção de receita e realização dos gastos para o atendimento das necessidades públicas, em conformidade com o planejamento no **consubstanciado orçamento anual**.

Em outras palavras, segundo Oliveira (2013, p. 11):

> Do lado oposto às receitas há a obrigação de atender às necessidades estabelecidas no ordenamento normativo, o que

alcança as despesas, e, entre tais procedimentos, há o balanceamento entre ambas através do orçamento. De igual maneira o direito financeiro alcança o crédito/débito público. Por fim, a forma de gerenciamento de todos os recursos afetados aos gastos por meio da gestão pública responsável.

Contudo, uma vez que estamos tratando de recursos que terão de ser extraídos da população brasileira, que passarão a fazer parte do patrimônio estatal e que terão de ser empregados para a satisfação do interesse comum, nada mais óbvio do que deduzir que o orçamento precisa passar pelo crivo dos representantes do povo, reunidos em assembleia. Em outras palavras, dependerá de leis formalmente aprovadas pelo Poder Legislativo de cada ente da Federação.

No Brasil, os aspectos estruturais do orçamento público foram desenhados em sede constitucional, quando foram estipulados "os princípios e as regras que tratam da receita e da despesa, desde a autorização para a cobrança de impostos até a previsão para os gastos" (Torres, 2018, p. 167).

O orçamento segue alguns princípios que são relevantes do ponto de vista jurídico. Nesta obra, optamos por destacar os seguintes: 1) exclusividade; 2) universalidade; 3) unidade; 4) anualidade; 5) programação; 6) equilíbrio orçamentário; 7) não afetação da receita; e 8) transparência.

— 2.1.1 —
Princípio da exclusividade

O princípio da exclusividade remonta às emendas sofridas pela Constituição de 1891 (Brasil, 1891) e determina que as leis orçamentárias não podem conter disposições estranhas à previsão da receita e da despesa. Isso porque era comum, desde o Império, que parlamentares negociassem apoio ao orçamento em troca da inclusão de regras estranhas ao tema, inclusive, normas típicas do direito privado. Na gíria do parlamento brasileiro, essas inserções indevidas, que fogem ao tema, são chamadas de *caudas orçamentárias*.

As normas orçamentárias, por determinação constitucional (CF, art. 165, § 8º), precisam se ater a seu objeto, portanto não podem conter coisa alguma que seja diversa da previsão de receita e da autorização de despesa (Torres, 2018).

O mesmo parágrafo 8º oferece uma exceção: "não se incluindo na proibição a autorização para abertura de créditos suplementares e contratação de operações de crédito, ainda que por antecipação de receita, nos termos da lei" (Brasil, 1988b). Essa regra é necessária porque, no início do ano, é comum que o caixa do governo esteja vazio e ele precise contrair crédito com o sistema bancário para honrar os gastos iniciais (Oliveira; Horvath, 2003).

— 2.1.2 —
Princípio da universalidade

Segundo Torres (2018, p. 126), o princípio da universalidade determina a necessidade de que todas as receitas e despesas do Estado, "de qualquer natureza, procedência ou destino", estejam previstas na Lei Orçamentária Anual (LOA).

Esse princípio se depreende do parágrafo 5º do art. 165 da Constituição Federal (CF), que determina:

> § 5º A lei orçamentária anual compreenderá:
>
> I – o orçamento fiscal referente aos Poderes da União, seus fundos, órgãos e entidades da administração direta e indireta, inclusive fundações instituídas e mantidas pelo Poder Público;
>
> II – o orçamento de investimento das empresas em que a União, direta ou indiretamente, detenha a maioria do capital social com direito a voto;
>
> III – o orçamento da seguridade social, abrangendo todas as entidades e órgãos a ela vinculados, da administração direta ou indireta, bem como os fundos e fundações instituídos e mantidos pelo Poder Público. (Brasil, 1988b)

Indícios desse princípio também estão presentes em diferentes artigos da Lei n. 4.320/1964, que cuida das "normas Gerais de Direito Financeiro para elaboração e controle dos orçamentos e balanços da União, dos Estados, dos Municípios e do Distrito Federal" (Brasil, 1964). A título de exemplo, indicamos a leitura dos arts. 2º, 3º e 4º.

— 2.1.3 —
Princípio da unidade

O princípio da unidade trata da necessidade de elaboração de um único orçamento para cada ente da Federação, possibilitando "verificar todas as receitas e todas as despesas a um só tempo e, ainda, identificar a existência ou não de equilíbrio orçamentário" (Piscitelli, 2021, p. 40). Contudo, com o desenvolvimento do Estado brasileiro, esse princípio precisou ser mitigado, dada a multiplicidade de tópicos contidos na lei orçamentária anual, a saber: o orçamento fiscal, o orçamento de investimento das empresas estatais e o orçamento da seguridade social, conforme parágrafo 5º do art. 165 da Constituição Federal (Brasil, 1988b).

Desse modo, em seu atual sentido, o princípio da unidade não exige mais um documento único, mas sim fazer com que os múltiplos orçamentos sejam consolidados ao final do processo de redação, facilitando a fiscalização, a transparência e a correta execução das finanças públicas. Ou, como diz Petter (2009, p. 181): "o princípio da unidade orçamentária, atualmente, não mais se preocupa com a unidade documental, mas com a unidade de orientação política ou de programação".

— 2.1.4 —
Princípio da anualidade

Necessariamente, o orçamento, e sua respectiva execução, envolve uma periodicidade que corresponde a um ano, na maioria dos países.

No caso do Brasil, por força do art. 34 da Lei n. 4.320/1964, a periodicidade do exercício financeiro coincide com o ano civil, ou seja, tem início no dia 1º de janeiro e encerra-se em 31 de dezembro.

Na CF, esse princípio está expresso no inciso III do art. 165, que faz referência a "orçamentos anuais". Também é referido no art. 2º da Lei n. 4.320/1964.

Caso o investimento previsto vá se estender por mais de um ano, ele precisará estar previsto no Plano Plurianual (PPA), para garantir a continuidade do projeto.

— 2.1.5 —
Princípio da programação

O orçamento não é um mero instrumento contábil, que prevê despesas e receitas para determinado período. Ele precisa refletir um programa, um projeto de governo e de país, portanto deve haver o princípio da programação.

Sob outro ponto de vista, também deve representar os "objetivos almejados pelo legislador constituinte" (Piscitelli, 2021, p. 44) no que tange à razão de ser do Estado brasileiro.

— 2.1.6 —
Princípio do equilíbrio orçamentário

O princípio do equilíbrio orçamentário não está expresso na CF e, segundo Torres (2018, p. 124-125), é "meramente formal, aberto e destituído de eficácia vinculante". Como sua aplicação depende das conjunturas econômicas e políticas do país, como o desequilíbrio causado pela pandemia de covid-19, "não está sujeito ao controle jurisdicional" (Torres, 2018, p. 124). Ainda assim, é um ponto central na LC n. 101/2000 – Lei de Responsabilidade Fiscal (Brasil, 2000b), que será referida ainda neste capítulo.

Esse princípio, dentro do seu contorno programático, inspira um encontro equilibrado entre receitas previstas no orçamento e despesas, com vistas a afastar a ocorrência de déficit. Ressaltamos que o déficit – gastar mais do que o que se arrecada – leva ao aumento do endividamento do Estado e ao pagamento de juros aos credores. Dada a baixa capacidade de reservar recursos para investimentos em tecnologia, infraestrutura etc., tanto o pagamento da dívida quanto o dos juros têm representado um dos grandes embaraços ao crescimento do país.

— 2.1.7 —
Princípio da não afetação da receita

O princípio da não afetação da receita tem como base o art. 167, inciso IV, da CF, que, sem omitir certas exceções ali contidas, estipula ser vedada "a vinculação de receita de impostos a órgãos, fundo ou despesa" (Brasil, 1988b). Esse princípio guarda relação com a própria natureza dos impostos, que, como será estudado oportunamente, são tributos não vinculados, conforme o art. 16 do Código Tributário Nacional – CTN (Brasil, 1966). Assim, por exemplo, na lei orçamentária, não se pode afirmar genericamente que 20% da receita do imposto de renda será destinada à construção de estradas.

Contudo, por meio de um punhado de emendas constitucionais, a Constituição Federal vem autorizando, ora os municípios, ora os estados e o Distrito Federal, a vincularem percentuais de seus tributos a diferentes propósitos, como o combate à pobreza. Foi o caso da Emenda Constitucional n. 42, de 19 de dezembro de 2003 (Brasil, 2003), no que tange ao Imposto sobre Operações relativas à Circulação de Mercadorias e sobre Prestações de Serviços de Transporte Interestadual e Intermunicipal e de Comunicação (ICMS) e ao Imposto sobre Serviços (ISS).

Como lembra Torres (2018), o princípio da não afetação restringe-se aos impostos. As taxas, que são outra espécie tributária, gozam de regramento diverso, pois, necessariamente, estão vinculadas ao custeio das atividades que justificaram as suas criações. Pensemos, por exemplo, na taxa de fiscalização do Corpo de Bombeiros, cujo valor arrecadado somente pode ser utilizado para esse fim fiscalizatório. Isso ficará mais claro quando estudarmos as espécies tributárias, no terceiro capítulo (Seção 3.4).

Alguns leitores talvez já estejam se perguntando se esses princípios também são aplicáveis aos estados e municípios. A resposta é afirmativa. No que tange aos estados, o art. 25 da Constituição Federal dispõe expressamente que: "Os Estados organizam-se e regem-se pelas Constituições e leis que adotarem, observados os princípios desta Constituição" (Brasil, 1988b). No que toca aos municípios, o art. 29 da CF indica regra semelhante.

Por fim, é necessário referirmos que, entre os doutrinadores, encontraremos aqueles que identificam outros princípios relacionados ao orçamento. É o caso do princípio da publicidade orçamentária mencionado por Petter (2009).

— 2.1.8 —
Princípio da transparência

O princípio da transparência ganhou destaque em 2021, quando veio à tona o debate sobre as emendas do relator da lei orçamentária anual, situação que ganhou a alcunha de *orçamento secreto*.

A ministra Rosa Weber, do Supremo Tribunal Federal (STF), em liminar concedida no Referendo do Referendo na Medida Cautelar (MC) na Arguição de Descumprimento de Preceito Fundamental (ADPF) n. 854, julgada em 2021, assim descreveu a situação que deu ensejo à aplicação desse princípio:

> 4. O Congresso Nacional institucionalizou uma duplicidade de regimes de execução das emendas parlamentares: o regime transparente próprio às emendas individuais e de bancada e o sistema anônimo de execução das despesas decorrentes de emendas do relator. Isso porque, enquanto as emendas individuais e de bancada vinculam o autor da emenda ao beneficiário das despesas, tornando claras e verificáveis a origem e a destinação do dinheiro gasto, as emendas do relator operam com base na lógica da ocultação dos efetivos requerentes da despesa, por meio da utilização de rubrica orçamentária única (RP 9), na qual todas as despesas previstas são atribuídas, indiscriminadamente, à pessoa do relator-geral do orçamento, que atua como figura interposta entre parlamentares incógnitos e o orçamento público federal. (STF, 2022)

Liminarmente, a ministra determinou a modificação desse quadro institucional sob o seguinte argumento:

> 6. Mostra-se em tudo incompatível com a forma republicana e o regime democrático de governo a validação de práticas institucionais por órgãos e entidades públicas que, estabelecidas à margem do direito e da lei, promovam o segredo injustificado sobre os atos pertinentes à arrecadação de receitas, efetuação de despesas e destinação de recursos financeiros, com evidente prejuízo do acesso da população em geral e das entidades de controle social aos meios e instrumentos necessários ao acompanhamento e à fiscalização da gestão financeira do Estado. (STF, 2022)

Ante a decisão da ministra, o presidente do Congresso Nacional determinou "a individualização e o detalhamento das solicitações de despesas que lhe foram dirigidas e das respectivas motivações, além da apresentação dos registros formais por ele detidos" (STF, 2022). E a Presidência da República, por meio de Decreto n. 10.888, de 9 de dezembro de 2021 (Brasil, 2021b), "criou instrumentos para assegurar a publicidade e a transparência das comunicações realizadas entre os órgãos, fundos e entidades do Poder Executivo federal e o Relator-Geral do orçamento" (STF, 2022).

Desse modo, soa despiciendo trazer as manifestações da doutrina sobre esse princípio, quando a jurisprudência do STF, ao disciplinar uma situação que teve grande repercussão, estabeleceu sua aplicação prática.

— 2.2 —
Leis orçamentárias

Com relação às finanças públicas, a Constituição Federal de 1988 representa uma evolução em comparação às anteriores, dado que incorporou uma série de princípios e práticas consagradas, além de buscar corrigir falhas do passado.

A jurisprudência do STF é pacífica no sentido de que "a competência para a elaboração de leis orçamentárias é do Chefe do Poder Executivo, consoante os artigos 25, caput; 61, § 1º, II, 'b' e 165, III", todos da Constituição Federal, como julgado na Ação

Direta de Inconstitucionalidade (ADI) n. 2.680, de relatoria do Ministro Gilmar Mendes (STF, 2020).

O Presidente da República também pode vetar as emendas que o Congresso fizer à sua proposta. "Sobrando receita em decorrência do veto, poderão elas ser aproveitadas para outras finalidades, mediante a abertura de créditos especiais ou suplementares, com prévia e específica autorização legislativa" (Torres, 2018, p. 175).

Nesse sentido, foram considerados inconstitucionais dispositivos de constituições estaduais que submetiam a iniciativa dos governadores a outros atores políticos. A título de exemplo, mais uma vez, a decisão do STF na ADI n. 2.680, de relatoria do Ministro Gilmar Mendes:

> Inconstitucionalidade da norma que determina a execução obrigatória de orçamento elaborado com participação popular, inserida no § 4º do artigo 149 da Constituição Estadual do Rio Grande do Sul. Vinculação da vontade popular na elaboração de leis orçamentárias contraria a competência exclusiva do Chefe do Poder Executivo. (STF, 2020)

Sem descumprir o princípio da unidade, o art. 165 da CF prevê que leis de iniciativa do Poder Executivo estabelecerão **três planejamentos orçamentários**: o Plano Plurianual (PPA), a Lei de Diretrizes Orçamentárias (LDO) e a Lei Orçamentária Anual (LOA) (Brasil, 1988b). Nas subseções a seguir, examinaremos a natureza e os objetivos dessas peças normativas.

Abraham (2021) lembra que, dada a simetria das normas constitucionais, as disposições sobre o orçamento da União estabelecidas na Constituição Federal de 1988 aplicam-se, também, aos orçamentos dos estados, dos municípios e do Distrito Federal, "havendo autonomia normativa destes entes apenas para aspectos não substanciais do orçamento público (por exemplo, para a fixação de prazos de apresentação e tramitação dos projetos de leis orçamentárias)" (Abraham, 2021, p. 362).

— 2.2.1 —
Plano plurianual

O plano plurianual da União (PPA) representa um planejamento conjuntural traçando as grandes metas governamentais pelos próximos quatro anos. Não visa apenas ao desenvolvimento socioeconômico. Nele se busca, igualmente, traçar estratégias de longo prazo para reduzir a desigualdade entre as diferentes regiões do país.

Como ressalta Araújo (2021, p. 79), "sua gestão deve observar os princípios da publicidade, da eficiência, da impessoalidade, da economicidade e da efetividade".

O PPA, formalmente, é uma lei, contudo, no decorrer de seu período de duração, depende das previsões do orçamento anual para que, efetivamente, tenha os recursos necessários para a realização das despesas ali relacionadas. Segundo Torres (2018, p. 180), o PPA "constitui mera programação ou orientação, que deve ser respeitada pelo Executivo na execução dos orçamentos anuais, mas que não vincula o Legislativo na feitura das Leis Orçamentárias".

De acordo com o art. 35 do Ato das Disposições Constitucionais Transitórias (ACDT) ao texto constitucional, o projeto do plano plurianual deve ser encaminhado ao Congresso até 31 de agosto do primeiro ano do mandato do presidente (Brasil, 1988a).

A título de exemplo, podemos citar o plano plurianual da União para o período de 2020 a 2023, instituído pela Lei n. 13.971, de 27 de dezembro de 2019, de cujo art. 3º extraímos algumas diretrizes importantes:

> II – a busca contínua pelo aprimoramento da qualidade do gasto público, por meio da adoção de indicadores e metas que possibilitem a mensuração da eficácia das políticas públicas; [...]
>
> IV – a eficiência da ação do setor público, com a valorização da ciência e tecnologia e redução da ingerência do Estado na economia;
>
> V – a garantia do equilíbrio das contas públicas, com vistas a reinserir o Brasil entre os países com grau de investimento;
>
> VI – a intensificação do combate à corrupção, à violência e ao crime organizado; [...]
>
> VIII – a promoção e defesa dos direitos humanos, com foco no amparo à família;
>
> IX – o combate à fome, à miséria e às desigualdades sociais;

> X – a dedicação prioritária à qualidade da educação básica, especialmente a educação infantil, e à preparação para o mercado de trabalho;
>
> XI – a ampliação da cobertura e da resolutividade da atenção primária à saúde, com prioridade na prevenção, e o fortalecimento da integração entre os serviços de saúde; [...]. (Brasil, 2019b)

Entre os projetos duradouros que se vinculam ao PPA do quadriênio 2020/2023, Araújo (2021) destaca o Programa Bolsa Família, voltado à unificação de ações governamentais de transferência de renda.

— 2.2.2 —
Lei de diretrizes orçamentárias

A Lei de diretrizes orçamentárias (LDO) é uma novidade da Constituição Federal de 1988. De acordo com o parágrafo 2º do art. 165 da CF:

> § 2º A lei de diretrizes orçamentárias compreenderá as metas e prioridades da administração pública federal, estabelecerá **as diretrizes de política fiscal e respectivas metas**, em consonância com trajetória sustentável da dívida pública, **orientará a elaboração da lei orçamentária anual**, disporá sobre as alterações na legislação tributária e estabelecerá a política de aplicação das agências financeiras oficiais de fomento. (Brasil, 1988b, grifo nosso)

Abraham (2021, p. 364), com base na leitura desse dispositivo, identifica as seguintes funções da lei de diretrizes orçamentárias:

> a) estabelecer as metas e prioridades da administração para o ano seguinte, conforme constar do plano plurianual, de maneira a indicar a política fiscal que integrará o orçamento anual; b) dispor sobre as despesas de capital para o exercício financeiro subsequente; c) orientar a elaboração da lei orçamentária anual; d) tratar das alterações na legislação tributária, uma vez que a sua variação afetará diretamente a arrecadação de receitas públicas; e) estabelecer a política de aplicação das agências financeiras oficiais de fomento.

Entre suas metas, deve estar expressa a sua preocupação com a busca de um equilíbrio entre receitas e despesas. Nessa seara, o art. 4º, parágrafo 1º, da Lei Complementar n. 101/2000 determina:

> Integrará o projeto de lei de diretrizes orçamentárias Anexo de Metas Fiscais, em que serão estabelecidas metas anuais, em valores correntes e constantes, relativas a receitas, despesas, resultados nominal e primário e montante da dívida pública, para o exercício a que se referirem e para os dois seguintes. (Brasil, 2000b)

A LDO deve ser aprovada no primeiro semestre de cada ano. Não tem o condão de criar direitos subjetivos aos particulares, nem obriga o Legislativo a realizar as alterações das normas tributárias por ela propostas. Seu papel é de orientação para a feitura do orçamento anual.

Para Torres (2018), a adoção das LDOs causou mais problemas do que vantagens.

— 2.2.3 —
Lei orçamentária anual

De acordo com o parágrafo 5º do art. 165 da Constituição Federal, a Lei Orçamentária Anual (LOA) abarca as receitas e despesas e deve compreender:

> I - **o orçamento fiscal** referente aos Poderes da União, seus fundos, órgãos e entidades da administração direta e indireta, inclusive fundações instituídas e mantidas pelo Poder Público;
>
> II - **o orçamento de investimento** das empresas em que a União, direta ou indiretamente, detenha a maioria do capital social com direito a voto;
>
> III - **o orçamento da seguridade social**, abrangendo todas as entidades e órgãos a ela vinculados, da administração direta ou indireta, bem como os fundos e fundações instituídos e mantidos pelo Poder Público. (Brasil, 1988b, grifos nossos)

Feita anualmente, a LOA demanda um volume expressivo de negociações entre as diferentes forças políticas do Congresso e do Poder Executivo, uma vez que estabelecerá as despesas públicas do ano seguinte. As emendas do relator, revistas pelo

STF em 2021 (STF, 2022) dão prova das críticas que a sociedade vem fazendo sobre a confecção desse texto normativo.

O Poder Judiciário exerce uma influência relevante sobre os gastos orçamentários porque, de acordo com o art. 99 da Constituição Federal, "o Poder Judiciário tem plena autonomia na confecção de seu orçamento, observados, naturalmente, os limites da própria Constituição e da Lei de Responsabilidade Fiscal" (Piscitelli, 2021, p. 47). Ademais, caso o orçamento do Judiciário venha a prever aumento nos subsídios dos ministros do STF, isso terá impacto sobre a folha de salários de muitas outras carreiras, afetando os gastos públicos, visto que o subsídio mensal dos ministros do STF corresponde ao teto dos vencimentos do serviço público em geral.

Em 2016, por força da Emenda Constitucional n. 95, de 15 de dezembro de 2016, instituiu-se o novo regime fiscal no âmbito dos orçamentos fiscal e da seguridade social da União, acrescendo os arts. 106 a 114 ao ADCT (Brasil, 2016). Esse regime, voltado à limitação do crescimento da despesa primária (teto de gastos), está previsto para se estender por 20 exercícios, até 2036. A correção do teto de gastos precisa obedecer à variação do Índice Nacional de Preços ao Consumidor Amplo (IPCA), conforme art. 107, parágrafo 1º, inciso II, do ADCT (Brasil, 2016).

Em 2023, a relação entre receita e crescimento de despesa voltou a sofrer alterações, com a aprovação, pelo Congresso Nacional, do novo marco fiscal, na forma da Lei Complementar n. 200, de 30 de agosto de 2023 (Brasil, 2023b).

— 2.3 —
Dívida pública

O montante da dívida pública brasileira é um dos grandes obstáculos ao desenvolvimento sustentável do país. Embora tenha sofrido uma leve redução em 2022, a Dívida Bruta do Governo Geral (DBGG) correspondia, então, a 7,2 trilhões de reais, ou 73,5% de nosso Produto Interno Bruto (PIB) (Cort, 2023). Esse panorama prejudica os investimentos das diferentes esferas da Federação voltados ao desenvolvimento nacional, visto que uma grande parte da receita da União, dos estados e dos municípios precisa ser destinada ao pagamento desses compromissos e dos juros da dívida. Essa falta de recursos deixa o Estado brasileiro em uma permanente situação de crise financeira. Por essa razão, houve a necessidade de se criarem regras de responsabilidade fiscal, as quais serão examinadas em uma seção futura.

As economias contemporâneas são tão complexas que o primeiro obstáculo para o estudo desta seção seria responder à seguinte questão: o que é dívida pública? Cassettari Junior et al. (2018, p. 5-6) se fizeram a mesma pergunta:

> O que temos atualmente no caso brasileiro é uma multiplicidade de definições, que resultam em variadas denominações que expressam seus muitos aspectos, e refletem a complexidade de um conceito a ser construído. Os estudiosos deparam-se com expressões como "resultado nominal, operacional

e primário", calculado "acima da linha" ou "abaixo da linha", dívida contratual, dívida mobiliária, dívida consolidada, dívida flutuante, operações de crédito, empréstimos públicos, crédito público, amortização, rolagem etc. Como já tive oportunidade de dizer, uma verdadeira "sopa de letras" que desafia aqueles que queiram compreender adequadamente o tema, tais como NFSP (Necessidades de Financiamento do Setor Público), DBGG (Dívida Bruta do Governo Geral), DLGG (Dívida Líquida do Governo Geral), DLSP (Dívida Líquida do Setor Público), DFP (Dívida Pública Federal), DPMFi (Dívida Pública Mobiliária Federal interna e externa – DPFe), DFL (Dívida Fiscal Líquida), e tantas outras.

Não é intenção do presente trabalho, voltado aos operadores do direito, adentrar nessa celeuma, a referência, entretanto, é suficiente para que se compreenda o grau de complexidade que a prática impõe aos agentes públicos em geral e aos Poderes da República.

O simples lançamento, no mercado, de títulos da dívida pública importa malabarismos que passam pelo controle de aprovação dessa emissão e quanto à execução do orçamento (Andrade, 2018).

Existem diferentes tipos de dívida pública, cuja classificação auxilia, por exemplo, a identificar o nível de saúde financeira dos entes da Federação. Assim, podemos falar em dívida pública flutuante, dívida pública consolidada (ou fundada) e dívida pública mobiliária.

A **dívida pública flutuante é voltada ao saneamento de eventuais problemas de caixa**. Ela "se caracteriza pelo curto prazo de resgate, operando-se em intervalo inferior a doze meses, ou seja, dentro do mesmo exercício financeiro" (Leite, 2013, p. 43). Ela visa atender a necessidades momentâneas do Estado, não previstas no orçamento, como é o caso das eventuais insuficiências de caixa. Ajuda a cobrir receitas (por exemplo, tributárias) que ainda não foram recolhidas pelo Tesouro. Consequentemente, "varia ao sabor da cadência das receitas e despesas, a cada mês" (Leite, 2013, p. 43). Contudo, não representa, necessariamente, um aumento da dívida global, visto que novas dívidas serão logo cobertas por receitas previstas no orçamento.

A **dívida pública consolidada** é conceituada pela Lei Complementar n. 101/2000 como um "montante total, apurado sem duplicidade, das obrigações financeiras do ente da Federação, assumidas em virtude de leis, contratos, convênios ou tratados e da realização de operações de crédito, **para amortização em prazo superior a doze meses**" (Brasil, 2000b, art. 29, inciso I, grifo nosso).

Conforme adverte Harada (2021, p. 183), a dívida pública consolidada "tem caráter estável e não varia de acordo com o fluxo de receitas e despesas". Piscitelli (2021) esclarece que, em princípio, trata-se daquelas dívidas contraídas visando prazos de pagamento médios ou longos. "Daí a subdivisão em amortizável e perpétua. Destina-se, em geral, a investimentos duráveis e quase sempre rentáveis, embora possa provir da absorção da dívida flutuante, oriunda dos déficits orçamentário" (Leite, 2013, p. 43).

Seu escopo é um pouco ampliado nos parágrafos 2º e 3º do referido art. 29 da Lei Complementar n. 101/2000 para,

> em primeiro lugar, incluir na dívida pública consolidada da União os valores relativos à emissão de títulos de responsabilidade do Banco Central do Brasil e, ainda, para estabelecer, no § 3º, que referida dívida, em relação a todos os entes, também compreende as obrigações com prazo de amortização inferior a doze meses, mas cujas receitas tenham constado do orçamento. (Piscitelli, 2021, p. 158)

Pelo art. 30, parágrafo 7º, da LC n. 101/2000, também estão incluídos "os precatórios judiciais não pagos durante a execução do orçamento em que houverem sido incluídos integram a dívida consolidada [...]" (Brasil, 2000b).

Percebemos que, independentemente de sua origem, a dívida pública consolidada revela o estado atual da dívida pública brasileira, com reflexos sobre o orçamento público e a (baixa) capacidade de investimento do Estado. Ela é o peso que o país carrega e que compromete seu crescimento e a saúde das contas públicas.

A dívida pública representada por títulos emitidos pela União, inclusive pelos estados e municípios, é chamada de **dívida pública mobiliária**, como descrito na LC n. 101/2000, art. 29, inciso II (Brasil, 2000b). São "papéis" emitidos pelo governo e adquiridos por qualquer interessado que ajudam o governo a captar recursos para investimentos e para a manutenção da máquina administrativa. Nesse caso, o próprio governo planeja os juros que pretende pagar ao investidor, assim como o prazo para o resgate do título.

Títulos com prazos muito longos e com taxas de juros elevadas levam a um aumento da dívida pública. Títulos com taxas de juros baixas podem ter dificuldade para atrair investidores interessados, impedindo que o governo obtenha os recursos de que necessita. Parcelas importantes da dívida pública mobiliária podem constituir uma parte da dívida pública consolidada.

Esses aspectos ganham contornos mais jurídicos quando passamos às regras relacionadas à responsabilidade fiscal.

— 2.4 —
Tribunais de Contas

O art. 70 da Constituição Federal determina que:

> Art. 70. A fiscalização contábil, financeira, orçamentária, operacional e patrimonial da União e das entidades da administração direta e indireta, quanto à legalidade, legitimidade, economicidade, aplicação das subvenções e renúncia de receitas, será exercida pelo Congresso Nacional, mediante controle externo, e pelo sistema de controle interno de cada Poder. (Brasil, 1988b)

Esse controle externo é exercido com o auxílio do Tribunal de Contas da União (TCU).

A fiscalização do uso do dinheiro público é um problema tão antigo quanto o próprio Estado, e a corrupção não é o único fator a erodir os recursos públicos. Há também o desperdício causado pela má gestão e pela falta de planejamento. É notória a existência de entes da Federação que constroem hospitais e escolas sem ter recursos para, logo em seguida, fazê-los funcionar. São inúmeros os prédios públicos espalhados pelo país, novos, bem equipados, mas que nunca entraram em operação e que acabam sendo saqueados por criminosos.

Esse problema já preocupava o jurista Rui Barbosa, ao tempo em que se tornou ministro da Fazenda, logo no início da República. Foi ele quem criou o TCU, em 1890.

O TCU tem importantes atribuições, descritas no art. 71 da Constituição Federal, entre as quais devemos destacar:

- Apreciar as contas prestadas anualmente pelo Presidente da República.
- Julgar as contas dos administradores e demais responsáveis por dinheiros, bens e valores públicos da Administração direta e da indireta.
- Realizar, por iniciativa própria, da Câmara dos Deputados, do Senado Federal, de comissão técnica ou de inquérito, inspeções e auditorias de natureza contábil, financeira, orçamentária, operacional e patrimonial, nas unidades administrativas dos Poderes Legislativo, Executivo e Judiciário.

- Fiscalizar a aplicação de quaisquer recursos repassados pela União mediante convênio, acordo, ajuste ou outros instrumentos congêneres, ao estado, ao Distrito Federal ou ao município.
- Aplicar aos responsáveis, em caso de ilegalidade de despesa ou irregularidade de contas, as sanções previstas em lei, que estabelecerá, entre outras cominações, multa proporcional ao dano causado ao erário.
- Fixar prazo para que sejam adotadas as providências necessárias ao exato cumprimento da lei, em caso de ilegalidade.

Zymler, citado por Costa (2014, p. 20), destaca uma "função parajudicial" do TCU que

> é desempenhada quando o Tribunal julga as contas dos administradores e demais responsáveis por dinheiros, bens e valores públicos, nos processos de tomada e prestação de contas anual ou tomada de contas especial, bem assim quando aprecia a legalidade dos atos de admissão de pessoal e de concessão de aposentadorias, reformas e pensões civis e militares, para fins de registro.

O TCU não tem poder para anular ou sustar contratos administrativos irregulares. Contudo, com base no art. 71, inciso IX, da CF, tem poderes para determinar, à autoridade administrativa responsável, "que promova a anulação do contrato e, se for o caso, da licitação de que se originou". Foi o que decidiu o STF no Mandado de Segurança n. 23.550 (STF, 2001).

Obviamente, as atribuições do TCU também interessam aos demais entes da Federação. O art. 75 da Constituição Federal determina que as normas estabelecidas nos arts. 70 a 74 da Constituição, no que tange ao TCU, "aplicam-se, no que couber, à organização, composição e fiscalização dos Tribunais de Contas dos Estados e do Distrito Federal, bem como dos Tribunais e Conselhos de Contas dos Municípios" (Brasil, 1988b).

Para dirimir dúvidas geradas pela redação de constituições estaduais, o STF editou a Súmula n. 653, de 24 de setembro de 2003, que determina:

> No Tribunal de Contas estadual, composto por sete conselheiros, quatro devem ser escolhidos pela Assembleia Legislativa e três pelo Chefe do Poder Executivo estadual, cabendo a este indicar um dentre auditores e outro dentre membros do MP especial, e um terceiro à sua livre escolha. (STF, 2003)

Poucos municípios possuem tribunais de contas, e a própria Constituição Federal impõe limites à constituição destes após 1988 (art. 31, parágrafo 4º). Contudo, as contas dos municípios podem ser fiscalizadas pelos tribunais de contas dos estados, conforme art. 31, parágrafo 1º, da CF, e entende-se que os estados-membros podem criar novos tribunais com jurisdição específica para realizar o controle das contas municipais (Pascoal, 2019).

— 2.5 —
Responsabilidade fiscal

O Brasil das décadas de 1980 e 1990 foi marcado pelo descontrole das contas públicas, agravado por uma forte e persistente inflação até o advento do Plano Real, em 1994. Esse cenário, aliado à má gestão em diferentes setores, levou os governos das diferentes esferas da Administração a tomarem dinheiro emprestado, o que aumentava, a cada ano, a parcela do orçamento destinada ao pagamento dos juros das referidas dívidas.

Embora o problema fosse grave na esfera da União Federal, ele tendia a ser ainda pior para a maioria dos estados e dos municípios. Assim, qualquer solução que se pudesse adotar deveria incluir todos os entes da Federação. Nossa Constituição Federal, em sua redação original, também não ajudava na busca de uma solução. Assim, fez-se necessário alterar alguns dispositivos constitucionais e criar uma legislação que obrigasse os entes da Federação a uma política de maior responsabilidade com os gastos públicos em paralelo com a respectiva capacidade de arrecadação.

Nessa toada, somente como exemplo, a Emenda Constitucional n. 25, de 14 de fevereiro de 2000, impôs várias regras para limitar as despesas para a manutenção do Poder Legislativo dos municípios, assim como o salário dos vereadores (Brasil, 2000a).

A ferramenta mais importante, entretanto, veio por meio de uma norma infraconstitucional: a Lei Complementar n. 101/2000, conhecida como a Lei de Responsabilidade Fiscal (LRF).

Conforme descrevem Scaff e Rocha (2012, p. 176-177), por meio da LRF:

> Foram criados mecanismos de controle de gastos com pessoal e com a seguridade social, inclusive dos servidores públicos. As transferências voluntárias aos Estados e Municípios e ao setor privado foram regulamentadas e vinculadas à existência de limite específico, disponibilidade orçamentária e prévia autorização legal para sua ocorrência, com a previsão da possibilidade da suspensão das transferências aos entes subnacionais na hipótese de descumprimento de metas e previsões de destinação de gastos. Ademais, foi vedado pelo art. 35 da Lei de Responsabilidade Fiscal a possibilidade de empréstimos pelos bancos estaduais aos governos estaduais – o que levou à privatização de várias dessas instituições financeiras que passaram a não ter nenhuma função de mercado.

Na visão de Pascoal (2019), a LRF coincide, de certa maneira, com uma visão liberal de Estado, em que as despesas públicas são grandezas intimamente dependentes do montante da receita pública. Significa, segundo o autor, a manutenção de um constante equilíbrio orçamentário, de modo a evitar que os gastos superem os valores arrecadados.

Para Scaff e Rocha (2012), as medidas implantadas para a restrição e o controle do gasto público apresentaram bons resultados, especialmente, no que tange aos estados e municípios. Esse resultado pôde ser aferido já na primeira década da implementação da lei, com a redução da relação dívida/produto interno bruto (PIB). Tão importante quanto isso foi a adoção de critérios mais técnicos na administração financeira, assim como maior parcimônia na contratação de novos servidores públicos. Esses resultados não teriam sido possíveis sem mecanismos coercitivos, materializados pela responsabilização pessoal dos gestores públicos, inclusive, em aspectos relacionados ao planejamento e à transparência da atividade financeira do Estado.

Outra preocupação da LRF é o de evitar a concessão de benefícios fiscais a certas categorias, sem que se planeje adequadamente os efeitos dessas ações sobre a arrecadação do Estado. Sobre esse ponto, assim dispõe o art. 14 da LRF:

> Art. 14. A concessão ou ampliação de incentivo ou benefício de natureza tributária da qual decorra renúncia de receita deverá estar acompanhada de estimativa do impacto orçamentário-financeiro no exercício em que deva iniciar sua vigência e nos dois seguintes, atender ao disposto na lei de diretrizes orçamentárias e a pelo menos uma das seguintes condições:
>
> I – demonstração pelo proponente de que a renúncia foi considerada na estimativa de receita da lei orçamentária, na forma do art. 12, e de que não afetará as metas de resultados fiscais previstas no anexo próprio da lei de diretrizes orçamentárias;
>
> II – estar acompanhada de medidas de compensação, no período mencionado no caput, por meio do aumento de receita, proveniente da elevação de alíquotas, ampliação da base de cálculo, majoração ou criação de tributo ou contribuição. (Brasil, 2000b)

Uma das grandes preocupações da LRF envolve os gastos com pessoal, que, além de elevados, são de difícil solução, dado que os servidores públicos concursados logo adquirem um *status* de estabilidade, que praticamente impede a redução dos quadros. Assim, a LRF, em seu art. 19, determina que a despesa total com pessoal não poderá exceder, em relação aos percentuais da receita corrente líquida, os patamares de 50% na União; e de 60% nos estados e municípios.

A Constituição Federal de 1988, com base na Emenda Constitucional n. 19, de 4 de junho de 1998 (Brasil, 1998), passou a prever o não repasse "de verbas federais ou estaduais aos Estados, ao Distrito Federal e aos Municípios que não observarem os referidos limites" (Brasil, 1988b, art. 169, § 2º).

E mais: a Constituição Federal passou a prever medidas concretas para a redução dos gastos com pessoal, em função do não cumprimento dos limites acima referidos. O art. 169, parágrafo 3º, reduz em, pelo menos, 20% das despesas com cargos em comissão e funções de confiança, e exonera os servidores não estáveis.

Caso essas medidas, uma vez aplicadas, não se mostrem suficientes, o parágrafo 4º do art. 169 determina que "o servidor estável poderá perder o cargo", com extinção do cargo objeto da redução (Brasil, 1988b).

A LRF, entretanto, não se limita a esses aspectos. Ela disciplinou, por exemplo, vários aspectos da confecção da LOA, inclusive, para dar efetividade a certas disposições do art. 167 da

Constituição Federal no sentido de garantir que "para realização de despesas imprevistas, o Executivo deve solicitar abertura de crédito adicional especial, sendo vedada a concessão ou utilização de créditos ilimitados" (Harada, 2021, p. 342).

A Emenda Constitucional n. 109/2021 criou alguns artigos na Constituição Federal, tanto para criar novos mecanismos de ajuste fiscal, como é o caso do art. 167-A, quanto para "adotar regime extraordinário fiscal, financeiro e de contratações para atender às necessidades dele decorrentes" (Brasil, 1988b, art. 167-B) para o enfrentamento de estado de calamidade pública de âmbito nacional. Nesse caso, a motivação para a norma foi a pandemia da covid-19, que levou a um profundo descontrole fiscal nos anos de 2020 e 2021.

Capítulo 3

Tributo e direito tributário

Como destacamos nos capítulos anteriores, todo Estado depende de recursos para sua manutenção e para a realização de seus objetivos. É um problema que existe desde a Antiguidade. Por vezes, o recurso utilizado era a própria mão de obra do cidadão, obrigado a dedicar parte de seu tempo ao trabalho comunitário. Em outras situações, a população era obrigada a contribuir com parte de sua produção (cereais, aves, sal etc.). Atualmente, os diferentes Estados buscam obter recursos pecuniários, o bem fungível por excelência.

Vimos também, ao analisarmos as bases do direito financeiro, que o Estado recorre a diferentes meios para obter recursos financeiros. Por exemplo, lucros auferidos por empresas estatais, tarifas cobradas pela disponibilidade de serviços públicos oferecidos à população, *royalties* de diferentes origens, aluguel de bens públicos, laudêmios etc. No caso do Brasil, a principal fonte de recursos vem de uma ampla gama de tributos.

Segundo Paulsen (2022, p. 21), "a tributação é inerente ao Estado, seja totalitário ou libertário, autoritário ou democrático. Independentemente de o Estado servir de instrumento da sociedade ou servir-se dela, a busca de recursos privados para a manutenção do Estado é uma constante na história".

De acordo com publicação do Tesouro Nacional, "em 2021, a carga tributária bruta (CTB) do Governo Geral (Governo Central, Estados e municípios) foi de 33,90% do PIB, o que representa um aumento de 2,14 pontos percentuais do PIB em relação a 2020 (31,76%)" (Brasil, 2022).

Dado esse contexto, neste capítulo, examinaremos o conceito de tributo e de direito tributário.

— 3.1 —
Conceito de tributo

Se considerarmos o direito civil, o direito constitucional ou o direito administrativo, perceberemos que poucos ramos do direito orbitam fortemente um único conceito, como soe ocorrer com o direito tributário em relação à palavra *tributo*.

O surgimento da tributação e seus nefastos efeitos sobre as liberdades individuais e as atividades econômicas fizeram nascer, ainda que bem lentamente, a princípio, todo um arcabouço de normas visando organizar e até limitar a ação estatal. Eis porque, do ponto de vista didático, interessa compreender o conceito de tributo, antes mesmo de tratarmos de direito tributário.

Dos capítulos anteriores, já sabemos que os tributos correspondem a **receitas derivadas** do Estado, oriundas de patrimônio e de renda gerados pelo particular. Elas se apresentam em oposição às receitas originárias, advindas da participação direta do Estado na economia (cobrança de preços públicos, aluguéis, juros sobre dívidas, *royalties* etc.).

Buscar um conceito preciso do que é tributo importa por inúmeras razões. Não apenas nos oferece o objeto principal do direito tributário, mas diz-nos também, por exemplo, sobre em que situações poderá o Estado lançar mão dos privilégios e de garantias que a lei concede ao crédito tributário. Assim, por exemplo, em uma falência, os créditos tributários têm preferência sobre alguns outros tipos de créditos.

Embora os doutrinadores apresentem diferentes conceitos sobre o que é o tributo, a questão é tão séria, no campo dos direitos do contribuinte, que qualquer dúvida pode ter sérias consequências. Além disso, não seria pertinente se cada estado da Federação, ou se cada município, pudesse criar seu próprio conceito de tributo. Assim, a Constituição Federal (CF), no art. 146, inciso III, alínea "a", atribuiu à lei complementar o desenvolvimento desse conceito.

O trabalho do legislador complementar, contudo, não parte de uma folha em branco. Schoueri (2022) sustenta que a Constituição oferece algumas pistas que nos permitem delinear certos limites do que um tributo pode ser. Ele lembra, por exemplo, que a Constituição proíbe que um tributo resulte em um verdadeiro confisco de bens, conforme art. 150, inciso IV (Brasil, 1988b). Logo, o confisco de bens não pode estar incluído no conceito de tributo.

E onde está, então, o conceito legal de tributo?

Como nenhuma lei complementar, após a Constituição de 1988, preocupou-se em definir o que é um tributo, os olhos dos aplicadores do direito naturalmente se voltam para nosso velho e útil Código Tributário Nacional (CTN) – Lei n. 5.172/1966 (Brasil, 1966). Embora seja, formalmente, uma mera lei ordinária, entende-se que, nesse e em outros pontos, seu texto foi recepcionado pela Constituição de 1988 com o *status* de lei complementar. O CTN é, materialmente, uma lei complementar.

Em outras palavras, é um exemplo de lei ordinária que, por interpretação da Constituição Federal, somente pode ser alterada, atualmente, por uma lei complementar.

Por sua vez, os redatores do CTN tiveram em mãos essa dura missão. Naquele tempo, discutia-se muito o conceito de tributo. Não havia ainda, porém, uma lei geral que dispusesse sobre essa questão, que tivesse força cogente sobre todas as autoridades tributárias e sobre todos os tribunais. Debatia-se, até mesmo, se o serviço militar obrigatório era um tipo de tributo.

Desse contexto, nasceu o conceito expresso no art. 3º do CTN. Embora o texto, hoje, mereça algumas críticas, podemos dizer que o legislador cumpriu a missão. E, certamente, ele é bastante didático para quem travará seu primeiro contato com o direito tributário.

O art. 3º do CTN dispõe que "tributo é toda prestação pecuniária compulsória, em moeda ou cujo valor nela se possa exprimir, que não constitua sanção de ato ilícito, instituída em lei e cobrada mediante atividade administrativa plenamente vinculada" (Brasil, 1966).

Seguindo uma abordagem bastante comum entre os doutrinadores brasileiros, passaremos ao exame de cada um dos elementos mencionados no art. 3º do CTN nas próximas seis subseções, cujos títulos são trechos do texto desse dispositivo legal

— 3.1.1 —
O tributo é uma prestação pecuniária

De imediato, percebemos que o texto legal, ao referir prestação compulsória, descreve o surgimento de uma "relação jurídica obrigacional que une o Fisco e o contribuinte" (Mazza, 2022, p. 53).

Como ressalta Schoueri (2022, p. 157), o contribuinte não paga o tributo obedecendo a uma ordem anterior do Fisco[1], mas sim "porque existe uma relação jurídica, uma obrigação, surgida entre Estado e sujeito passivo, que dá fundamento à exigência. Num ordenamento jurídico, a obrigação tributária não é imposta pelo Estado, mas pela lei".

Existem relações jurídicas que nascem de contratos, assim como existem aquelas que nascem de um comando ou uma previsão normativa. Esse é o caso aqui.

E mais: após um passado turbulento de confiscos, em diferentes países, acompanhado por pagamentos feitos em bens fungíveis (trigo, ouro, prata, sal etc.), assentou-se a regra de que o tributo é uma prestação que deve ser resolvida pela entrega de pecúnia, isto é, **dinheiro**. Eis porque se encerra a discussão sobre o serviço militar obrigatório. Definitivamente, ele não é um exemplo de tributo na atualidade.

---

1 Fisco é o termo usado para designar o Estado sempre que este está desenvolvendo atividades relacionadas à tributação (Machado, 2009).

— 3.1.2 —
O tributo é pago "em moeda ou cujo valor nela se possa exprimir"

Como se disse, o tributo é uma prestação pecuniária. Então, o que significa a expressão "em moeda ou cujo valor nela se possa exprimir", constante do art. 3º do CTN (Brasil, 1966)? Ocorre que, caso o contribuinte não cumpra sua obrigação tributária no prazo apontado pela lei, iniciada a execução fiscal, "poderá o Fisco receber outra coisa que não o dinheiro, somente se houver lei que assim o autorize, para que seja extinto aquele crédito tributário" (Castro; Souza, 2010, p. 19). É a chamada *dação em pagamento*, uma situação excepcional à regra.

Sobre essa questão, Schoueri (2022) destaca outro aspecto pertinente. Mencionando o art. 162, inciso II, do CTN, ele lembra que há situações em que o tributo não é pago, diretamente, em dinheiro. Esclarece Schoueri (2022, p. 157):

> o contribuinte compra, com moeda, um selo ou estampilha e o tributo é pago com a utilização da última. Assim, por exemplo, o selo que se põe nas embalagens de cigarros e bebidas. Ou seja: o pagamento do tributo dá-se com o uso da estampilha, mas esta, por óbvio, tem o valor expresso em moeda.

Ainda que os selos e as estampilhas referidos por Schoueri (2022) tenham tido seu uso alterado ou até caído em desuso, é preciso recordar que o CTN é de 1966, quando tal prática era corrente.

— 3.1.3 —
Tributo é uma prestação compulsória

A norma não nos oferece o pagamento de tributos como uma atividade voluntária. Não é como o dever moral, assumido por alguns, de recolher dez por cento de seu salário à Igreja. Pagar tributo não é um ato de boa vontade que realizamos para auxiliar o Estado a realizar seus objetivos. O tributo é pago em virtude de uma obrigação criada por lei, em função do patrimônio ou das atividades do contribuinte. É compulsório, como consequência da soberania que o Estado exerce sobre seu território e seus cidadãos.

Disso decorre também que um contrato entre particulares não pode alterar o sujeito passivo da obrigação tributária (Paulsen, 2022). Assim, quando o locatário se compromete (contratualmente) a recolher o Imposto Predial e Territorial Urbano (IPTU) do imóvel locado, esse fato não retira o proprietário do imóvel da condição de contribuinte.

— 3.1.4 —
Tributo não constitui sanção de ato ilícito

A definição de que o tributo não constitui sanção de ato ilícito significa que ele não é uma punição. Ainda que compulsório, ele é uma contribuição dos diferentes agentes da sociedade em prol da sobrevivência do Estado e dos fins por ele assumidos.

Quando estudamos os diferentes tributos, vemos que seus fatos geradores não são punições que se aplicam ao contribuinte. O Imposto sobre Operações relativas à Circulação de Mercadorias e sobre Prestações de Serviços de Transporte Interestadual e Intermunicipal e de Comunicação (ICMS) não é uma punição ao comerciante que vendeu um produto. A taxa de fiscalização do Corpo de Bombeiros serve para custear aquela atividade administrativa e será cobrada mesmo que a obra ou a atividade estejam seguindo todos os padrões previstos pelas normas pertinentes. Contudo, caso o bem vistoriado não seja aprovado pelo Corpo de Bombeiros, além da taxa cobrada, haverá uma autuação, de caráter punitivo e que, portanto, não tem natureza tributária. Logo, as multas aplicadas pelos agentes públicos, embora constituam um tipo de receita, "são fundadas no poder de punir, e não no poder fiscal" (Paulsen, 2022, p. 45).

Isso também se reflete na lei orçamentária. Uma prefeitura não pode prever sua receita com base nas multas de trânsito que, eventualmente, irá cobrar. E, muito menos, não deve um prefeito aumentar o número de radares nas ruas com o intuito de multar mais motoristas para elevar os ganhos da municipalidade. Isso seria imoral, pois o objetivo da Administração Pública deve ser o de educar os motoristas e de inibir as infrações.

A lei orçamentária deve, isso sim, ter em conta o volume das atividades econômicas e dos bens tributáveis, que, por sua vez, refletem a riqueza de um país, ou de um estado, ou de um município.

— 3.1.5 —
Os tributos são instituídos em lei

Se voltarmos às origens do Parlamento britânico, da Independência dos Estados Unidos ou da Revolução Francesa, identificaremos o desejo de setores da sociedade em discutir com o rei, entre outras questões, o volume e a distribuição da carga tributária. A ideia, que foi amadurecendo aos poucos e que ganhou especial força a partir das revoluções liberais do século XVIII, foi a de que é preciso haver um corpo legislativo permanente, composto por representantes da sociedade e que nenhum tributo seja criado ou majorado sem a autorização desses legisladores.

Daí o surgimento do princípio da legalidade, isto é, todo tributo deve ser criado por meio de lei votada pelos representantes eleitos pelo povo. Se nosso patrimônio precisa ser compulsoriamente afetado, que isso seja feito, ao menos, após um debate democrático, no âmbito do Poder Legislativo.

Nesse ponto, a referência feita no art. 3º do CTN ganha muito mais força por ser também um princípio constitucional, expresso no art. 150, inciso I, da Constituição Federal: "Sem prejuízo de outras garantias asseguradas ao contribuinte, é vedado à União, aos Estados, ao Distrito Federal e aos Municípios [...] exigir ou aumentar tributo sem lei que o estabeleça" (Brasil, 1988b).

Para a questão do aumento (majoração) do tributo, há exceções na própria Constituição que serão examinadas quando estudarmos a natureza dos impostos, no próximo capítulo.

A crítica que se faz ao art. 3º do CTN, neste ponto, é no sentido de que a instituição do tributo por lei não é, na verdade, parte do conceito de tributo. A instituição por lei é um requisito de validade. Por exemplo, se um prefeito cria um tributo por simples decreto e inicia sua cobrança, o tributo existe, mas é inválido, posto que inconstitucional. Embora a crítica seja defensável, não tem grande relevância prática. A presença do princípio da legalidade no art. 3º não chega a embaçar o conceito do que é um tributo.

— 3.1.6 —
Cobrança mediante atividade administrativa plenamente vinculada

Embora o último trecho do conceito de tributo do art. 3º do CTN, em uma análise ortodoxa, seja desnecessário, ainda assim, é uma advertência útil para os servidores do Fisco e para os contribuintes.

Essa determinação guarda relação com o art. 119 do CTN que afirma: "Sujeito ativo da obrigação é a pessoa jurídica de direito público, **titular da competência para exigir o seu cumprimento**" (Brasil, 1966, grifo nosso).

Essa regra se justifica dada a índole da atividade tributária, extremamente invasiva, envolvendo fiscalização, cobrança, imposição de multas e restrição de direitos (Paulsen, 2022). Todas essas atividades administrativas devem ser realizadas seguindo regras previamente estabelecidas. Desse modo, sob um primeiro ângulo, a atividade administrativa plenamente vinculada representa uma proteção ao contribuinte, que terá como se proteger de abusos, de comportamentos desprovidos de previsão, visto que as pessoas envolvidas com a cobrança serão servidores públicos, treinados para tanto e sujeitos a punições disciplinares.

A título de exemplo, o Superior Tribunal de Justiça (STJ), ao julgar o Recurso Especial (REsp) n. 1.684.690/SP, entendeu que o Fisco não podia cobrar uma Certidão da Dívida Ativa por meio da modalidade "protesto", dado que não havia previsão para tanto, quer na Constituição Federal, quer no CTN (STJ, 2019).

Desse modo, de acordo com a Primeira Turma do STJ no REsp citado: "O protesto nesse caso não tem qualquer finalidade senão constranger o devedor a recolher o tributo à margem do devido processo legal (art. 5º, LIV, CF), com ofensa ao contraditório e à ampla defesa (art. 5º, LV, CF)" (STJ, 2019).

Nessa toada, um fiscal da Receita não tem o direito nem de ser rígido para além da norma, nem de ser bondoso com o contribuinte. Ele deve realizar a fiscalização e a cobrança de maneira quase mecânica, seguindo os procedimentos previstos na lei e nas normas inferiores que a regulamentam. O que não o impede, obviamente, de orientar, esclarecer e tirar dúvidas dos contribuintes. Afinal, a Receita não é inimiga dos contribuintes, nem deve ter interesse em tributar uma categoria de modo predatório. Não deve, tampouco, criar armadilhas para aumentar a aplicação de penalidades.

De tudo o que foi dito, percebemos que o art. 3º do CTN tem grande utilidade didática e também prática, uma vez que pode resolver muitas dúvidas do dia a dia. Nas palavras de Mazza (2022, p. 53):

> a correta definição de tributo permite também distinguir o instituto de outras obrigações públicas, com regimes jurídicos bastante diversos, que a legislação atribui aos particulares em face do Estado, como as multas, o dever de indenizar, as prestações compulsórias de serviço, as sanções administrativas, entre tantas outras.

Com esses conceitos em mente, é possível, agora, refletir sobre o direito tributário.

— 3.2 —
Direito tributário

Há uns 200 anos, o poder de cobrar tributos e o poder de punir eram atividades que os governantes exerciam sem muito refinamento ou formalidades. Como afirma Coêlho (2022, p. 32), "muito poder e abuso e pouca justiça". Aos poucos, entretanto, certos direitos foram sendo reconhecidos em favor dos contribuintes.

Falamos, na Seção 3.1.5, sobre o princípio da legalidade, sedimentado pelas revoluções liberais. Depois, com o tempo, a necessidade de se respeitar a capacidade contributiva do contribuinte, no caso dos impostos, foi reconhecida. Veio também, com o tempo, a exigência de se descrever de maneira clara o fato gerador de cada tributo, como forma de evitar o arbítrio, entre outros aspectos hoje universais.

Em suma, normas esparsas, elaboradas ao longo de séculos, foram criando um ramo do direito. Essas normas eram do interesse das finanças públicas, mas ainda não existia um direito financeiro. Esse conjunto de normas, no entanto, aglutinou-se em torno de princípios (como o da legalidade, da anterioridade etc.) que se reuniram em algo identificável: o direito tributário.

Entretanto, quando vamos conceituar o direito tributário, surgem diferentes linhas de pensamento entre os doutrinadores, o que é fascinante. São, na verdade, diferentes olhares que, lidos em sequência, oferecem uma visão fantástica desse ramo do direito.

Uns focam no aspecto funcional do direito tributário – como meio de arrecadação de recursos –, outros ressaltam a relação jurídica entre Estado e contribuinte. Há também, como é o caso do autor desta obra, os que enfatizam seu papel de protetor dos direitos dos contribuintes.

Kiyoshi Harada (2021, p. 346) assim descreve:

> Direito Tributário é, por assim dizer, o direito que disciplina o processo de retirada compulsória, pelo Estado, da parcela de riquezas de seus súditos, mediante a observância dos princípios reveladores do Estado de Direito. É a disciplina jurídica que estuda as relações entre o fisco e o contribuinte.

Sacha Calmon Navarro Coêlho (2022, p. 53, grifo nosso) conceitua o direito tributário por um ângulo um pouco diferente e igualmente interessante:

> O Direito Tributário cuida especificamente das receitas derivadas do patrimônio particular transferidas para o tesouro público mediante "obrigações tributárias" previstas em lei. **A ênfase do Direito Tributário centra-se na relação jurídica e não na atividade estatal** de obtenção de receitas. Não é Direito do Estado, é relação jurídica entre sujeitos de direito sob os auspícios da legalidade e da igualdade.

Hugo de Brito Machado (2009), a seu turno, enxerga o direito tributário sob o prisma de instrumento de defesa do contribuinte. É o que se afere do conceito a seguir: "o ramo do Direito que se ocupa das relações entre o fisco e as pessoas sujeitas a imposições tributárias de qualquer espécie, limitando o poder de tributar e protegendo o cidadão contra os abusos desse poder" (Machado, 2009, p. 50).

De fato, o direito tributário tem essa dupla vertente. Se pensarmos, por exemplo, na Contribuição Social sobre o Lucro (CSSL), esse panorama há de ficar claro. Ao mesmo tempo que a legislação tributária determina a cobrança dessa exação, descrevendo seu fato gerador, suas alíquotas e a maneira de apurar sua base de cálculo, *a contrario sensu*, proíbem o Fisco de ir além dessa moldura.

Em outras palavras, ele não pode cobrar a citada contribuição de alguém que não tenha realizado o fato gerador do tributo, não pode alargar a base de cálculo da exação, nem pode cobrar alíquotas superiores àquelas apontadas pela norma.

Ives Gandra da Silva Martins (2005), um dos maiores estudiosos do direito tributário brasileiro, reforça essa impressão quando analisa nossa ordem tributária no texto da Constituição Federal de 1988. Ele assim se manifesta, com admirável poder de síntese, sobre a índole do nosso sistema (Martins, 2005, p. 330, grifo nosso):

> Estou convencido de que o atual sistema, como o anterior, é mais uma carta de direitos do contribuinte contra a excessiva e reconhecida carga tributária da Federação tripartida que é o Brasil [...]. Tendo o constituinte plena consciência de que a carga tributária é excessiva, optou, como já o fizera o constituinte anterior, por um sistema rígido, pelo qual **tudo o que estiver em lei é permitido ao Fisco e nada obriga ao contribuinte se em lei não estiver. A falta de legislação não beneficia ao Fisco, mas exclusivamente o contribuinte**. Tem o Fisco o direito de brandir a espada da imposição, mas tem o contribuinte o direito de se defender com o escudo da lei. É, portanto, o Sistema plasmado mais uma carta do contribuinte do que um Estatuto do Poder Tributante, nada obstante hospedar considerável aumento da carga tributária, que já não era pequena, à luz do velho sistema.

Contudo, o fato de o direito tributário ser um ramo identificável do direito não significa que ele seja estanque em relação ao sistema jurídico. Ele sofre forte influência de outros ramos, como o direito constitucional e o direito administrativo. Como esclarece Harada (2021, p. 347):

> o que realmente caracteriza a autonomia do Direito Tributário é o fato de existir princípios jurídicos próprios, não aplicáveis aos demais ramos da ciência jurídica, tais como o da imunidade recíproca, imunidade genérica, da capacidade contributiva, da discriminação de rendas tributárias, da vedação de efeitos confiscatórios etc.

Antes de passar para a próxima seção, é importante referir que o direito tributário não é usado apenas para arrecadar dinheiro. Indo além, por vezes, o dinheiro arrecadado não é o principal objetivo de um tributo ou do aumento de uma alíquota. O direito tributário também pode ter **funções extrafiscais**.

A extrafiscalidade significa usar o direito tributário como instrumento político, social ou econômico, ainda que em detrimento da arrecadação (Jardim, 1996). O governo pode, por exemplo, aumentar de zero para nove por cento a alíquota de exportação do petróleo cru brasileiro, seja para desestimular a exportação (e assim controlar o preço interno, gerando abundância), seja para estimular a construção de refinarias dentro do país. Do mesmo modo, pode reduzir a alíquota de importação de automóveis para reduzir o preço do produto no Brasil e/ou influenciar a competitividade.

— 3.3 —
Fontes do direito tributário

Não há novidade em dizer que a fonte primária do direito tributário – assim como de todo o direito, no sistema brasileiro – é a Constituição Federal. Entre os arts. 145 e 162 da CF, assumiu-se a função de traçar as linhas fundamentais do sistema tributário nacional (Brasil, 1988b).

A Constituição expõe, por exemplo, os princípios constitucionais tributários, determina a competência tributária dos entes da Federação e aponta as imunidades tributárias. Essa estratégia do legislador constituinte – incluir temas tão sensíveis no texto constitucional – contrasta com a de muitos outros países, onde tais questões, geralmente, são tratadas em normas infraconstitucionais (Costa, 2022).

Por um lado, é positivo proteger os direitos básicos do contribuinte contra normas infraconstitucionais casuísticas ou de interpretação dúbia. Por outro lado, dada a complexidade exigida para que sejam feitas alterações na Constituição Federal de 1988, algumas questões de ordem constitucional relativamente simples dependem de emendas constitucionais para que possam ser alteradas e implementadas. A consequência óbvia é que nossos legisladores ordinários, nas três esferas da Federação, têm sua liberdade bastante limitada no que tange à redação de normas infraconstitucionais de índole tributária. A influência da Constituição Federal, entretanto, vai além, porque ela impõe certas limitações à Administração Pública em geral que, naturalmente, também obrigam as autoridades fiscais. Referimo-nos aos princípios constitucionais de impessoalidade, moralidade, publicidade e eficiência, além da legalidade.

Em um segundo lugar, existem as leis complementares, que somente podem ser aprovadas por maioria absoluta das duas casas do Congresso. No direito tributário, elas são muito importantes porque, de acordo com a Constituição Federal, existem temas que somente podem ser regulados por essa espécie normativa. A título de exemplo, sobre temas que dependem de lei complementar, o art. 146 da CF enumera:

[...]

I – dispor sobre conflitos de competência, em matéria tributária, entre a União, os Estados, o Distrito Federal e os Municípios;

II – regular as limitações constitucionais ao poder de tributar;

III – estabelecer **normas gerais** em matéria de legislação tributária (Brasil, 1988b, grifo nosso)

Devemos entender como normas gerais, citadas no inciso III do art. 146 da CF, aquelas que compõem as bases do direito tributário e que têm o poder de vincular todos os entes da Federação, assim como os contribuintes. Embora tenha surgido como lei ordinária em 1966, o CTN tem, atualmente, *status* de lei complementar, principalmente, por causa desse inciso III, que se desdobra em quatro alíneas.

A Constituição Federal também obrigou a promulgação de leis complementares federais para traçar as normas gerais referentes ao ICMS (CF, art. 155, § 2º, inciso XII) e ao Imposto Sobre Serviços (ISS). Posteriormente, cada estado, no caso do ICMS, e cada município, no caso do ISS, puderam promulgar leis ordinárias para instituir e regulamentar a cobrança desses tributos. Nesse caso, a validade da legislação ordinária instituidora desses tributos fica condicionada às linhas traçadas pelas leis complementares, não podendo contrastar com o previsto nessas leis (Paulsen, 2022).

Em seguida, ainda tratando da competência do Poder Legislativo, existem as leis ordinárias, que são aprovadas por maioria simples e, segundo Caparroz (2021, p. 85):

> as leis ordinárias são os veículos que normalmente criam tributos em concreto, vale dizer, dispõem sobre a regra matriz de incidência de cada figura tributária (impostos, taxas e contribuições de melhoria, por exemplo) e estão aptas a regular os efeitos jurídicos e econômicos delas decorrentes.

Tecnicamente, as leis complementares não são hierarquicamente superiores às leis ordinárias. O que ocorre é que, como se viu há pouco, existem temas, previstos na Constituição Federal, que somente podem ser regulados por lei complementar. Desse modo, as leis ordinárias não podem alterar normas que sejam materialmente da competência de leis complementares.

Neste ponto, devemos mencionar também o papel dos tratados internacionais em matéria tributária. O CTN determina, no art. 98, e o Supremo Tribunal Federal (STF) ratifica, que os tratados e as convenções internacionais "revogam ou modificam a legislação tributária interna, **e serão observados pela que lhes sobrevenha**" (Brasil, 1966, grifo nosso).

Em outras palavras, mesmo uma lei posterior, no campo tributário, não poderá revogar uma regra inserida no sistema tributário brasileiro por força de um tratado. Isso é especialmente relevante na relação do Brasil com os outros países-membros do Mercado Comum do Sul (Mercosul).

Existem ainda as fontes infralegais, consideradas como instrumentos secundários (Caparroz, 2021).

Os decretos, embora não possam criar tributos, permitem grande flexibilidade ao Poder Executivo de cada ente da Federação para suprir as lacunas deixadas pelas normas hierarquicamente superiores, exercendo uma função regulamentar. Desse modo, trazem detalhes importantes, ajudam a esclarecer dúvidas, cuidam de aspectos mais burocráticos relacionados ao recolhimento. Em resumo, explicitam certas regras e procedimentos que a lei, com sua função mais genérica, não cuidou de realizar.

Como esclarece Caparroz (2021, p. 95), "por óbvio que o decreto não pode ampliar, alterar ou condicionar o alcance das leis, visto não possuir capacidade para inovar o ordenamento, mas apenas para lhe dar melhores condições de execução".

De acordo com o art. 99 do CTN: "O conteúdo e o alcance dos decretos restringem-se aos das leis em função das quais sejam expedidos, determinados com observância das regras de interpretação estabelecidas nesta Lei" (Brasil, 1966).

Podemos encontrar um bom exemplo da função dos decretos no Regulamento do ICMS do Paraná, Decreto n. 7.871, de 29 de setembro de 2017 (Paraná, 2017), que hoje se encontra sedimentado em mais de três mil páginas. Além de repetir regras constantes na lei estadual sobre o tema, o decreto citado estipula inúmeras questões pontuais que a Assembleia Legislativa teria dificuldade para disciplinar de forma ágil e eficiente. Por exemplo: "Fica reduzida em 90% (noventa por cento) a base de cálculo do ICMS nas saídas de ALHO realizadas por produtor rural e cooperativas de produtores rurais, em substituição aos créditos fiscais a que teriam direito" (Paraná, 2017, p. 2192).

Ainda assim, nem sempre a norma tributária conseguirá prever todas as situações da vida concreta. Havendo completa omissão sobre algum aspecto, isso poderá favorecer o contribuinte para, por exemplo, afastar a incidência do fato gerador e, consequentemente, da obrigação tributária.

Em outros casos, o art. 108 do CTN, acompanhando a tradição do direito brasileiro, assim dispõe:

Art. 108. Na ausência de disposição expressa, a autoridade competente para aplicar a legislação tributária utilizará sucessivamente, na ordem indicada:

I – a analogia;

II – os princípios gerais de direito tributário;

III – os princípios gerais de direito público;

IV – a eqüidade. (Brasil, 1966)

O CTN também admite a eficácia de outras normas infralegais e atos da administração, de natureza complementar. São elas, segundo o art. 100:

> I – os atos normativos expedidos pelas autoridades administrativas;
>
> II – as decisões dos órgãos singulares ou coletivos de jurisdição administrativa, a que a lei atribua eficácia normativa;
>
> III – as práticas reiteradamente observadas pelas autoridades administrativas;
>
> IV – os convênios que entre si celebrem a União, os Estados, o Distrito Federal e os Municípios. (Brasil, 1966)

Embora eles não tenham força de lei, ajudam a expressar o entendimento de diferentes órgãos e têm o efeito de excluir a imposição de penalidades e a cobrança de juros em favor daqueles que os obedecem (parágrafo único do art. 100 do CTN).

Sobre a legislação tributária, por fim, vale pensar na queixa de Sacha Calmon, referente à ampla intromissão "do Poder Judiciário na conceituação dos fatos jurígenos e na formação, suspensão e extinção do crédito tributário" (Coêlho, 2022, p. 289). Um bom exemplo desse impacto será visto no Capítulo 8, ao avaliarmos os reflexos do Recurso Extraordinário n. 949.297 (Tema 881[12]) e do Recurso Extraordinário n. 955.227 (Tema 885[13]) –, de relatoria dos Ministros Edson Fachin e Luís Roberto Barroso, respectivamente, julgados em 2023 (STF, 2023c; 2023d), sobre a coisa julgada e a extinção do crédito tributário.

— 3.4 —
Espécies tributárias

Como cidadãos brasileiros, permanentemente submetidos à cobrança de tributos, percebemos que existem pontos em comum entre eles. Por exemplo, a compulsoriedade ou o fato de envolverem uma prestação em dinheiro. Contudo, também é possível observar que eles se dividem em grupos, em espécies, em razão de características que não são comuns a todos os tributos.

---

2   Para ler a síntese da matéria, ver Portal do STF, disponível em: <https://portal.stf.jus.br/jurisprudenciaRepercussao/verAndamentoProcesso.asp?incidente=4930112&numeroProcesso=949297&classeProcesso=RE&numeroTema=881>. Acesso em: 5 set. 2023.

3   Para ler a síntese da matéria, ver Portal do STF, disponível em: <https://portal.stf.jus.br/jurisprudenciaRepercussao/verAndamentoProcesso.asp?incidente=4945134&numeroProcesso=955227&classeProcesso=RE&numeroTema=885>. Acesso em: 6 set. 2023.

Assim, por exemplo, pagamos o Imposto sobre a Propriedade de Veículos Automotores (IPVA) em razão de uma manifestação de riqueza (a propriedade de um veículo automotor), e esse valor recolhido poderá ser usado para satisfazer diferentes despesas previstas no orçamento do Estado.

Esse panorama se repete nos casos do IPTU, do ICMS, do Imposto de Renda (IR), e de outros impostos em geral.

O mesmo quadro, no entanto, não vemos na taxa de emissão de passaporte, que é uma contraprestação por um serviço prestado pelo Estado, sem o qual não se poderá viajar para outros países e cujo valor somente pode ser utilizado para a manutenção dessa atividade pública.

Os exemplos anteriores revelam, inclusive, que existem tributos vinculados diretamente a uma atividade estatal relacionada ao contribuinte (as taxas e as contribuições de melhoria) e outros não vinculados (como os impostos). Desse modo, existem diferentes espécies tributárias, que agrupam conjuntos de tributos que guardam, entre si, elementos comuns.

O estudo dessas espécies é fundamental para a vida dos contribuintes e dos operadores do direito. Há, porém, um problema de ordem prática: nossa ordem jurídica constitucional não deixou explícitas quais são essas espécies. Elas foram identificadas pela doutrina e pela jurisprudência e, entre os doutrinadores, não há consenso em sua definição.

Na tradição latino-americana, perceptível no art. 5º do CTN (Brasil, 1966), existiriam apenas três espécies: 1) impostos, 2) taxas e 3) contribuições de melhoria. Para Hugo de Brito

Machado (2009), existem quatro espécies tributárias: 1) os impostos, 2) as taxas, 3) as contribuições de melhoria e 4) as contribuições sociais.

Já para Luís Eduardo Schoueri (2021), existem seis. Além das quatro referidas há pouco, ele inclui os empréstimos compulsórios e as contribuições especiais como espécies tributárias.

Por razões de ordem prática e evitando mais controvérsias, adotaremos, nesta obra, o posicionamento que vislumbra a existência de **cinco espécies tributárias: 1) impostos, 2) taxas, 3) contribuições de melhoria, 4) contribuições especiais e 5) empréstimos compulsórios** (Paulsen, 2022). É a chamada *teoria pentapartida*, ou quinquipartite, adotada pela maior parte da doutrina e também pelo STF, desde o julgamento do Recurso Extraordinário n. 146.733/SP de relatoria do Ministro Moreira Alves (STF, 1992).

Propomos o exame dessas cinco espécies tributárias nas seções a seguir.

— 3.4.1 —
Impostos

Os impostos têm um profundo peso na vida dos contribuintes, dado que incidem sobre nossa renda, sobre certos bens (imóveis urbanos, imóveis rurais, automóveis) e sobre quase todas as atividades econômicas (prestação de serviços, venda de mercadorias, operações financeiras etc.).

Como bem destaca Harada (2021, p. 361), "o imposto sempre representa uma retirada da parcela de riqueza do particular, respeitada a capacidade contributiva deste". É um reflexo da soberania do Estado, que coleta recursos pecuniários para a manutenção de suas atividades, como já citamos.

O imposto é assim definido pelo art. 16 do CTN: "é o tributo cuja obrigação tem por fato gerador uma situação independente de qualquer atividade estatal específica, relativa ao contribuinte" (Brasil, 1966). Em outras palavras, é incorreto pensar que pagamos IPVA porque o Estado investe recursos nas vias públicas por onde circulam os veículos automotores. Não há nenhuma vinculação entre as atividades estatais e a cobrança de um imposto (**tributo não vinculado**).

Consequentemente, os recursos arrecadados pelos impostos – como o IPI, o IR, o ISS – podem ser utilizados para cobrir qualquer despesa prevista no orçamento: pagamento de salários de servidores, contratação de obras públicas, pagamento de dívidas etc.

Os impostos podem ser classificados entre diretos e indiretos. O **imposto direto** é aquele cujo ônus incide sobre a pessoa que, efetivamente, realizou o fato previsto na norma para sua cobrança. Assim, quem recebeu o salário é também quem irá suportar o ônus fiscal do imposto de renda. O mesmo ocorre com os proprietários no que tange a IPTU, IPVA e Imposto Territorial Rural (ITR).

No **imposto indireto**, "o ônus financeiro do tributo é transferido ao consumidor final, por meio do fenômeno da repercussão econômica" (Harada, 2021, p. 361). Tomemos como exemplo o ICMS, dado que o comerciante, embora recolha o tributo, necessariamente, o agrega ao preço do produto, fazendo com que o consumidor suporte o verdadeiro ônus de sua cobrança. É o que ocorre também com o IPI e o ISS.

Os diferentes impostos distinguem-se entre si pelos seus respectivos fatos geradores, como renda, propriedade, prestação de serviço etc. Sobre os impostos, a Constituição Federal impõe uma importante limitação, em seu art. 145, parágrafo 1º, o qual determina que, "sempre que possível, os impostos terão caráter pessoal e serão graduados segundo a capacidade econômica do contribuinte [...]" (Brasil, 1988b). Essa regra será mais bem examinada em conteúdo posterior, quando serão estudados os princípios constitucionais tributários.

— 3.4.2 —
Taxas

A taxa, como espécie tributária, tem uma razão de ser muito específica, que repercute na motivação para sua cobrança. Assim, por exemplo, se alguém deseja emitir um passaporte, ou obter uma licença ambiental para o funcionamento de sua empresa, não se justifica que toda a sociedade pague por esses serviços, por meio dos impostos. Nesses exemplos, estamos aludindo a atividades estatais específicas e divisíveis, voltadas a contribuintes individualizados, que demandam dado ato ou o provocam de algum modo.

Daí, como esclarece Paulsen (2022, p. 24), vem a necessidade de atribuir a todos os entes da Federação a competência para instituir tributo que permita custear as "atividades específicas e divisíveis às pessoas às quais dizem respeito, conforme o custo individual do serviço que lhes foi prestado ou fiscalização a que foram submetidas, com inspiração na ideia de justiça comutativa".

O art. 77 do CTN (Brasil, 1966) descreve que existem dois tipos de taxas, em função do fato gerador de suas cobranças:

1. O exercício regular do **poder de polícia**, assim entendido como a atividade da Administração Pública que limita ou disciplina interesses individuais, regulando a prática de certos atos concernentes, por exemplo, à segurança, à higiene e à disciplina da produção e do mercado. É o caso de taxas cobradas pelos órgãos de defesa sanitária para a fiscalização de bares, restaurantes e hospitais. Dessa forma, mesmo que esses estabelecimentos se apresentem em perfeitas condições, cumprindo todas as normas sanitárias, serão compelidos, ainda assim, a pagar taxa à entidade responsável pela fiscalização.

2. A utilização, efetiva ou potencial, de **serviço público específico e divisível**, prestado ao contribuinte ou posto à sua disposição. É o caso, por exemplo, da taxa de coleta de lixo, cobrada dos imóveis potencialmente atendidos pelo serviço

e em que, mesmo que o imóvel esteja fechado e não produzindo lixo, a taxa poderá ser cobrada, uma vez que o caminhão de lixo passa pela rua desse imóvel e, assim, o serviço encontra-se disponível para atender àquela localidade.

Dado esse perfil, a taxa é classificada como um **tributo vinculado**. Ou seja, há uma relação direta entre sua cobrança e uma atividade desenvolvida pelo Estado ou seus prepostos. Disso resulta que o valor da taxa e sua base de cálculo devem resultar em uma quantia necessária e suficiente para o custeio da atividade estatal vinculada à taxa.

No que tange à expressão "específico e divisível", constante do art. 77 do CTN (Brasil, 1966), como elementos caracterizadores das taxas, algumas palavras devem ser ditas.

O **serviço específico** (ou *uti singuli*) é possível de ser fragmentado em unidades autônomas. O beneficiário tem condições de verificar o quanto ele vem usufruindo, por exemplo, da coleta de lixo ou do esgoto. É diferente da iluminação dos logradouros públicos, que é um exemplo de serviço geral (ou *uti universi*), em que "ninguém pode dizer de quanto da luz emitida pelos postes está se beneficiando ao trafegar por uma via urbana" (Coêlho, 2022, p. 122).

No **serviço divisível**, é possível identificar o beneficiário, uma vez que o serviço pode ser desfrutado individualmente. Esse é o caso do serviço de expedição de passaportes e de carteiras de identidade, ambos custeados por taxas. Esse não é o caso, porém, da iluminação pública, ou do serviço de varredura dos logradouros públicos, visto que, nesses casos, não há como o município afirmar quem efetivamente foi beneficiado por essas atividades (Coêlho, 2022).

Importante também ressaltarmos que não podemos confundir a taxa (um tributo) com a tarifa, que é um preço público. Sobre esse aspecto, pensemos na tarifa de ônibus. Ela não tem um caráter compulsório, visto que posso ir do ponto A ao ponto B não apenas de ônibus, mas também a pé, de carro, de bicicleta. Diferentemente da taxa de coleta de lixo, que será compulsória pelo simples fato de a coleta estar disponível em meu logradouro. Ademais, "a modalidade de remuneração qualificada como tarifa ou preço público pressupõe relação contratual, do que não se cogita no âmbito tributário" (Costa, 2022, p. 162).

A criação das taxas condiciona-se, ainda, "à prévia autorização orçamentária, em relação à lei que as instituiu" (STF, Súmula n. 545, 1969).

— 3.4.3 —
Contribuição de melhoria

A contribuição de melhoria é mais um exemplo de tributo vinculado, mas não se confunde com a taxa, pois a contribuição de melhoria está sempre relacionada ao custeio de uma obra pública. O art. 81 do CTN oferece-nos uma boa descrição dela:

Art. 81. A contribuição de melhoria cobrada pela União, pelos Estados, pelo Distrito Federal ou pelos Municípios, no âmbito de suas respectivas atribuições, é instituída para fazer face ao custo de obras públicas de que decorra valorização imobiliária, tendo como limite total a despesa realizada e como limite individual o acréscimo de valor que da obra resultar para cada imóvel beneficiado. (Brasil, 1966)

Da leitura desse dispositivo, concluímos que a valorização do imóvel do contribuinte é condição necessária para a cobrança do tributo. É o que costuma acontecer, por exemplo, quando uma rua de terra, finalmente, é asfaltada. Todavia, se um prédio, antes sossegado, sofre agora o ônus de ter um viaduto com grande circulação de veículos passando na altura de seu quinto andar, gerando ruído, poluição e vibração, não poderá o Estado cobrar contribuição de melhoria dos proprietários dos apartamentos. Afinal, é fácil presumir a desvalorização imobiliária que a construção do viaduto lhes causou.

Também observamos que o art. 81 do CTN impõe um limite individual do tributo a ser cobrado de cada proprietário, e que é o acréscimo de valor resultante da obra (Brasil, 1966). Observamos, também, um limite total daquilo que poderá ser extraído da totalidade dos contribuintes: o custo da obra pública realizada.

— 3.4.4 —
Contribuições especiais

A contribuição especial é uma espécie tributária que muitos autores chamam, também, de *contribuição social* ou *contribuição parafiscal* e, talvez, seja a mais difícil de ser caracterizada.

Em muitos casos, em razão do fato gerador da obrigação tributária, as contribuições especiais assemelham-se aos impostos. É o caso da contribuição previdenciária que o empregador desconta do salário do empregado, cujo fato gerador (a disponibilidade do salário) se assemelha com o fato gerador do Imposto de Renda retido na fonte. Citemos também a Contribuição Social sobre o Lucro (CSSL), recolhida pelas empresas e que se assemelha ao IR pago por estas.

Um aspecto importante para alcançarmos a distinção entre os impostos e as contribuições especiais está em sua destinação ou finalidade. Assim, enquanto os valores arrecadados pelo IR podem ter diversos usos (pagamento de salários de servidores, infraestrutura, saúde, educação etc.), a contribuição previdenciária é pautada pela referibilidade específica.

A **referibilidade específica** significa que as contribuições especiais nem seriam tributos vinculados, como as taxas, nem seriam não vinculados, como os impostos, no que tange a uma atividade estatal específica, relativa ao contribuinte. Por que isso? Porque elas, por um lado, não podem ser usadas para custear qualquer gasto estatal (salários, obras públicas, pagamento de dívidas) como acontece com os impostos. Por outro lado, quando pagamos a contribuição previdenciária, esse valor não será usado para nossa aposentadoria, mas sim para os benefícios previdenciários dos segurados atuais. Nossa aposentadoria será paga pelos contribuintes do futuro. Ainda assim, nossa contribuição deverá beneficiar um grupo de pessoas que guardam essa característica comum conosco.

Hugo de Brito Machado Segundo (2022, p. 47) assim exemplifica:

> É o caso, por exemplo, das contribuições de interesse de categorias profissionais ou econômicas, das quais são exemplo as contribuições pagas pelos que desempenham profissões legalmente regulamentadas aos "Conselhos" encarregados da respectiva fiscalização e regulamentação. Tais contribuições caracterizam-se, como se vê, por uma referibilidade indireta entre o grupo de pessoas no qual se situa o contribuinte (v.g., todos os médicos), e a atividade desempenhada pela entidade paraestatal correspondente (no caso, Conselho Regional de Medicina).

Nessa mesma linha de raciocínio, no tocante à referibilidade específica, Paulsen (2022, p. 28) destaca que "só os médicos podem ser contribuintes da contribuição ao Conselho de Medicina". Da mesma forma, a contribuição especial para a manutenção da iluminação pública municipal será custeada pelos munícipes por ela beneficiados.

Paulsen (2022, p. 23) oferece, ainda, uma interessante referência de todas as contribuições previstas na Constituição Federal:

d) contribuições

d.1. sociais

d.1.1. gerais (art. 149, primeira parte e §§ 2º, 3º e 4º)

d.1.2. de seguridade social

d.1.2.1. ordinárias (art. 149, primeira parte e §§ 2º a 4º, c/c art. 195, I a IV)

d.1.2.1.1. para a saúde e a assistência social

d.1.2.1.2. para a previdência social

d.1.2.1.2.1. do Regime Geral de Seguridade Social

d.1.2.1.2.1.1. das pessoas jurídicas sobre a remuneração do trabalho

d.1.2.1.2.1.2. das pessoas jurídicas sobre a receita, substitutiva da contribuição sobre a remuneração do trabalho

d.1.2.1.2.1.3. dos segurados sobre a remuneração do trabalho percebida

d.1.2.1.2.2. dos regimes próprios dos servidores públicos (arts. 40 e 149, § 1º)

d.1.2.2. extraordinárias dos servidores públicos (art. 149, § 1º, B)

d.1.2.3. residuais (art. 149, primeira parte c/c art. 195, § 4º)

d.1.2.4. provisória (arts. 74 a 90 do ADCT)

d.2. de intervenção no domínio econômico (art. 149, segunda parte e §§ 2º a 4º, e art. 177, § 4º) d.3. do interesse das categorias profissionais ou econômicas (art. 149, terceira parte)

d.4. de iluminação pública municipal e distrital (art. 149-A)

Vejamos, agora, a última espécie tributária reconhecida pelo STF.

— 3.4.5 —
Empréstimo compulsório

O empréstimo compulsório foi uma fonte de recursos criada e utilizada pelo governo José Sarney, antes da promulgação da Constituição Federal de 1988. Ele incidia sobre a compra de veículos, bem como de gasolina e de álcool carburante e destinava-se à criação do Fundo Nacional de Desenvolvimento (FND). O empréstimo compulsório causou tanta polêmica entre a população, os tribunais e os juristas, que os constituintes de 1988 decidiram discipliná-lo, criando uma espécie tributária específica. De lá para cá, nunca mais foi utilizado, sendo apenas uma opção remota, de competência exclusiva da União.

Sobre ele, dispõe o art. 148 da Constituição Federal, nos seguintes termos:

> A União, mediante lei complementar, poderá instituir empréstimos compulsórios:
>
> I – para atender a despesas extraordinárias, decorrentes de calamidade pública, de guerra externa ou sua iminência;

II – no caso de investimento público de caráter urgente e de relevante interesse nacional, observado o disposto no art. 150, III, "b".

Parágrafo único. A aplicação dos recursos provenientes de empréstimo compulsório será vinculada à despesa que fundamentou sua instituição. (Brasil, 1988b)

Como podemos perceber, após o estudo das outras quatro espécies tributárias, com relação ao empréstimo compulsório, o caráter restituível desse tributo é a nota fundamental de sua natureza jurídica, diferenciando-o das demais espécies tributárias.

Desse modo, refletindo sobre o conteúdo deste capítulo, destacamos a importância do uso adequado de certos termos que têm significado muito específico para o direito tributário. Vimos o conceito normativo da palavra *tributo*. Depois, ao final, buscamos demonstrar que existem diferentes modalidades de tributos, cada uma com suas próprias características. Assim, não podemos mais tratar a palavra *imposto*, ou a palavra *taxa* como sinônimas da palavra *tributo*, como, muitas vezes, se vê, inclusive, nos veículos de imprensa. O tributo é gênero, do qual imposto e taxa são espécies, modalidades.

Capítulo 4

Competência tributária e limitações ao poder de tributar

A Constituição Federal de 1988 preocupou-se bastante com o sistema tributário nacional. Dado nosso perfil de Federação de três níveis – União, estados e Distrito Federal, além dos municípios –, sentiu-se a necessidade de distribuir, de maneira clara, a competência tributária de cada ente.

Ademais, para evitar abusos de futuras administrações, além de proteger certos valores e atividades reconhecidos por nossa sociedade, cuidou-se de apontar limitações constitucionais ao poder de tributar. Esses serão, portanto, os temas tratados neste capítulo.

— 4.1 —
Competência tributária

Ao incluir os municípios na Federação, a Constituição Federal (CF) de 1988 inovou, não apenas em relação às Constituições anteriores, mas também em relação a outros países. Contudo, não basta atribuir, aos municípios, esse novo *status*. Para que exista uma verdadeira Federação, é fundamental que cada ente federado – a União, os estados, os municípios e o Distrito Federal – goze de autonomia financeira. Não pode um município se autogovernar se precisa pedir dinheiro ao estado ou à União para resolver seus problemas mais básicos. Autonomia financeira é pressuposto para autonomia administrativa, e isso ajuda a explicar muitas crises da nossa história recente.

Dessa reflexão resulta a questão tributária e, especialmente, a necessidade de repartir, de modo eficiente, as fontes de recursos de cada um. A Constituição Federal, a partir do art. 145, aponta a competência de cada ente da Federação para a instituição de tributos. Assim, por exemplo, apenas a União pode instituir o imposto sobre a renda (art. 153, III), cabendo aos estados o imposto sobre as operações relativas à circulação de mercadorias (art. 155, II) e, aos municípios, a maior parte das situações envolvendo a prestação de serviços (art. 156, III).

Contudo, para compensar alguns desequilíbrios, foram previstos repasses de recursos tributários arrecadados pela União em favor dos estados, dos municípios e do Distrito Federal, bem como dos estados em favor dos municípios (Souza; Souza, 2017).

A repartição da competência tributária deve ser vislumbrada como uma vertente da limitação ao poder de tributar porque a Constituição Federal, "ao definir a aptidão para instituir tributos cabente a cada ente federativo, em caráter privativo, exclui as demais pessoas políticas da mesma aptidão" (Costa, 2022, p. 88). Assim, não é possível que se tenha um imposto de renda federal e um imposto de renda estadual, tal como ocorre nos Estados Unidos.

A Constituição Federal estabelece as competências, mas não cria os tributos. Eles precisam ser criados pelos membros da Federação, mediante lei específica, que poderá ser complementada por decretos e outros atos normativos voltados a seu recolhimento, ao seu lançamento e aos processos administrativos pertinentes (Souza; Souza, 2017).

A norma criadora precisa se ater a certos conceitos preexistentes ao apontar o sujeito ativo, o passivo, o fato gerador e a base de cálculo. Ao descrever o fato gerador do imposto de renda, não pode a União Federal criar um conceito de renda que não seja próximo ao conceito econômico. Da mesma forma, não pode o município transformar um bem móvel em imóvel para fins de Imposto Predial e Territorial Urbano (IPTU).

As alíquotas serão estipuladas livremente, salvo regra constitucional em contrário. Por exemplo, no caso do Imposto sobre Transmissão Causa Mortis e Doação (ITCMD), a Constituição Federal, em seu art. 155, parágrafo 1º, inciso IV, determina que ele "terá suas alíquotas máximas fixadas pelo Senado Federal" (Brasil, 1988b).

Se um município resolve não instituir o Imposto Sobre Serviços (ISS), com vistas a estimular o estabelecimento de empresas em seu território, esse tributo não poderá ser assumido por outro ente, como o estado ou a União. "A competência tributária é indelegável, não pode ser alterada pelos entes que a detêm, que dela também não podem renunciar, e o fato de não ser exercida não a transfere para outra pessoa jurídica de direito público" (Machado Segundo, 2022, p. 277).

Em seguida, examinaremos, de modo esquematizado e breve, a competência de cada ente da Federação.

— 4.1.1 —
Competências privativas

A competência privativa é aquela atribuída a apenas um nível de entes políticos da Federação, com exclusão de todos os demais. Assim, por exemplo, temos os impostos da União, conforme art. 153 da CF, dos estados e do Distrito Federal, art. 155 da CF, e dos municípios, art. 156 da CF (Brasil, 1988b).

No que tange aos impostos, percebemos que a CF "estatui competências expressas e enumeradas (arts. 153, 155 e 156, CR), distribuindo as materialidades entre as pessoas políticas" (Costa, 2022, p. 82).

A União Federal tem, entre suas competências privativas, a instituição de empréstimos compulsórios, conforme art. 148 da CF, de diferentes contribuições sociais, conforme art. 195 da CF, e os seguintes impostos listados no art. 153 da CF:

> Art. 153. Compete à União instituir impostos sobre:
>
> I – importação de produtos estrangeiros;
>
> II – exportação, para o exterior, de produtos nacionais ou nacionalizados;
>
> III – renda e proventos de qualquer natureza;
>
> IV – produtos industrializados;

V – operações de crédito, câmbio e seguro, ou relativas a títulos ou valores mobiliários;

VI – propriedade territorial rural;

VII – grandes fortunas, nos termos de lei complementar. (Brasil, 1988b)

Interessante referir que o imposto sobre grandes fortunas, embora seja da competência da União Federal desde 1988, nunca foi instituído.

Compete privativamente aos estados e ao Distrito Federal a instituição e a cobrança do ITCMD, de quaisquer bens ou direitos, o Imposto sobre Operações relativas à Circulação de Mercadorias e sobre Prestações de Serviços de Transporte Interestadual e Intermunicipal e de Comunicação (ICMS), ainda que as operações e as prestações se iniciem no exterior, e o Imposto sobre Propriedade de Veículos Automotores (IPVA).

Compete privativamente aos municípios a instituição e cobrança do IPTU, do Imposto sobre Serviços (ISS), sobre serviços de qualquer natureza, não compreendidos no art. 155, inciso II da CF, e sobre a transmissão *"inter vivos"*, a qualquer título, por ato oneroso, de bens imóveis – Imposto sobre Transmissão de Bens Imóveis (ITBI).

Por uma questão até lógica, dado que o Distrito Federal não é dividido em municípios, a ele também cabe a cobrança do IPTU, do ISS e do ITBI (CF, art. 147).

— 4.1.2 —
Competência comum

Não seria possível que a Constituição Federal criasse um regime de competências privativas para a instituição de taxas. Elas são inúmeras e se destinam ao custeio das mais diversas atividades realizadas pelos entes federados. Desse modo, cada ente tem competência comum para criar e cobrar taxas em função do poder de polícia que exerce ou pelos serviços que presta no exercício de sua competência político-administrativa. Observamos que o art. 145 da CF trata da criação e da cobrança de taxas pela União, pelos estados, pelo Distrito Federal ou pelos municípios, no âmbito de suas respectivas atribuições (Paulsen, 2022). O mesmo ocorre com as contribuições de melhoria.

Os contribuintes devem, entretanto, ficar atentos. Não é incomum a criação de taxa pelo ente A incidente sobre operações da competência do ente B, o que é inconstitucional. A título de exemplo, citamos a Ação Direta de Inconstitucionalidade (ADI) n. 3.281/MG, de relatoria do Ministro Marco Aurélio do Supremo Tribunal Federal (STF). Nessa ADI se questionava uma taxa criada pelo Estado de Minas Gerais a ser cobrada das empresas seguradoras ligadas ao Seguro por Danos Pessoais por Veículos Automotores Terrestres (DPVAT), quando a vítima era atendida pelo Sistema Único de Saúde (SUS). Entre as várias inconstitucionalidades dessa norma, há a circunstância de que as seguradoras não estão sujeitas ao exercício do poder de polícia estadual, mas sim ao federal, e de que o Estado de Minas Gerais não colocou qualquer serviço à disposição das seguradoras para que estas pudessem ser enquadradas como contribuintes (STF, 2021).

— 4.1.3 —
Competência residual

A competência residual é aquela que permite à União Federal, e apenas a ela, a criação de tributos não previstos na Constituição Federal. Podem ser impostos (CF, art. 154, I) ou também contribuições voltadas ao custeio da seguridade social (CF, art. 195, § 4º).

Nos dois casos, esses novos tributos (CF, art. 154, I combinado com art. 195, § 4º):

1. precisam ser criados por lei complementar;
2. não podem ser cumulativos;
3. nem podem ter fato gerador ou base de cálculo próprios dos discriminados na Constituição.

Desse modo, a União não pode criar um novo imposto que envolva a propriedade de veículos automotores ou que tenha por base de cálculo o valor deles, uma vez que já existe o IPVA, de competência privativa dos estados.

Além dessas duas hipóteses, o art. 154, inciso II, da Constituição Federal permite à União, "na iminência ou no caso de guerra externa", criar "impostos extraordinários, compreendidos ou não em sua competência tributária, os quais serão suprimidos, gradativamente, cessadas as causas de sua criação" (Brasil, 1988b).

Dado o caráter urgente de um estado de guerra, admite-se que esses tributos sejam criados por medida provisória, caso o Congresso esteja em recesso (Coêlho, 2022). Alguns autores, como Mazza (2022) e Costa (2022), adotam uma classificação específica para a competência da União para instituir impostos de guerra: **competência especial ou extraordinária**.

— 4.1.4 —
Competência cumulativa

A competência cumulativa ocorre quando uma entidade federativa "pode arrecadar seus tributos privativos e, simultaneamente, também os de outra entidade" (Mazza, 2022, p. 229).

Nessa toada, vejamos o que dispõe o art. 147 da Constituição Federal:

> Art. 147. Competem à União, em Território Federal, os impostos estaduais e, se o Território não for dividido em Municípios, cumulativamente, os impostos municipais; ao Distrito Federal cabem os impostos municipais. (Brasil, 1988b)

No presente momento, e desde a promulgação da Constituição de 1988, não existe qualquer território federal no país.

— 4.2 —
Limitações ao poder de tributar: princípios

Ao conceituarmos o direito tributário, defendemos a tese de que esse ramo do direito não foi criado apenas para atender aos interesses arrecadatórios do Estado. Esse ramo do direito também se presta a limitar as ações do Estado, sob diferentes formas, para proteger os contribuintes e valores reconhecidos pela nossa Constituição. Mesmo quando a Constituição determina que o IPTU é um imposto de competência dos municípios, ela está afirmando, *a contrario sensu*, que a propriedade dos bens imóveis urbanos não pode ser objeto de imposto estadual ou federal. É, pois, uma regra limitadora.

Contudo, doutrinariamente, quando falamos de limitações constitucionais ao poder de tributar, as questões que mais se destacam são os princípios constitucionais tributários e as imunidades. Nesta seção, trataremos dos primeiros, destacando, a seguir, os mais relevantes.

Antes, porém, convém conceituar o termo *princípio* em sua acepção jurídica. Para Regina Helena Costa (2022, p. 90):

é por definição, mandamento nuclear de um sistema, verdadeiro alicerce dele, disposição fundamental que irradia sobre diferentes normas compondo-lhes o espírito e sentido e servindo de critério para sua exata compreensão e inteligência [...]

Em seu aspecto tributário, Mazza (2022, p. 139) situa os princípios como "direitos fundamentais" e os conceitua como "preceitos instituídos em favor do contribuinte e contra o Fisco, nunca o contrário. São proteções sistêmicas erigidas para defesa da parte hipossuficiente na relação Fisco-contribuinte".

Na prática tributária, muitas questões são resolvidas a favor do contribuinte pela simples evocação de um princípio constitucional, que irá demonstrar a inconstitucionalidade de uma norma, ou sua má interpretação pelo agente do Fisco. Nesse ponto, adverte Mazza (2022, p. 53):

> É cada vez mais comum o legislador maliciosamente mascarar a natureza tributária de determinada exação com o objetivo de afastar a incidência dos princípios e regras do Direito Tributário. "Tarifas", "preços públicos", "pedágios", "contrapartidas ambientais", "patrocínios", "subsídios", "multas" e "contribuições" de todo tipo são alguns dos rótulos que recentemente vêm sendo utilizados para burlar as garantias asseguradas pelo Sistema Tributário Nacional.

Examinemos, agora, os princípios constitucionais tributários.

— 4.2.1 —
Legalidade tributária

O princípio da legalidade é um princípio geral do nosso sistema constitucional. Ao definir nossa República como um Estado democrático de direito, a Constituição de 1988 está afirmando que as relações entre governo e governados deve ser pautada pela lei. Trazendo esse princípio para o direito tributário, resta claro que o Estado não pode obrigar os administrados a pagar ou fazer algo que não esteja previsto na norma.

No campo tributário, esse princípio tem sua origem em 1215, por meio da Magna Carta do rei inglês João Sem-Terra, que determinou que não haveria taxação (tributação) sem representação. Ou seja, sem a aprovação do Conselho do Reino, que, tempos depois, daria origem ao parlamento inglês.

Dessa tradição, temos, atualmente, na nossa Carta de 1988, a regra prescrita pelo art. 150, inciso I, segundo a qual é vedado "exigir ou aumentar tributo sem lei que o estabeleça" (Brasil, 1988b).

E as leis são atos normativos que têm origem no Congresso Nacional, cujos membros são eleitos pelo povo. Em última análise, os tributos nascem pelas mãos daqueles que nos representam.

Desse modo, não pode o presidente do Instituto Brasileiro do Meio Ambiente e dos Recursos Naturais Renováveis (Ibama) criar uma taxa voltada à fiscalização de certa atividade econômica se isso não tiver uma previsão legal. Seria inconstitucional.

O princípio da legalidade, contudo, admite exceção quando esta estiver prevista na própria Constituição. Assim, por exemplo, o Poder Executivo da União pode alterar as alíquotas, inclusive, para majorá-las, do imposto de importação, do imposto de exportação, do Imposto sobre Produtos Industrializados (IPI) e do Imposto sobre Operações Financeiras de crédito, câmbio e seguro (IOF), por força do parágrafo 1º do art. 153 da Constituição Federal.

Essa exceção justifica-se porque esses tributos não têm apenas função arrecadatória. Eles também têm função extrafiscal, na medida em que podem influenciar as pessoas e o mercado a adotar certos comportamentos positivos para a economia nacional em dado momento e para um setor da economia. Pode-se, por exemplo, diminuir os gastos com cartões de crédito em viagens internacionais simplesmente modificando a alíquota do IOF.

— 4.2.2 —
Irretroatividade da lei tributária

A irretroatividade da lei tributária relaciona-se com o princípio geral da segurança jurídica. Esse princípio, no direito tributário, tem abrigo no art. 150, inciso III, alínea "a", da CF, que veda a cobrança de tributos "em relação a fatos geradores ocorridos antes do início da vigência da lei que os houver instituído ou aumentado" (Brasil, 1988b).

Assim, por exemplo, se for criada uma lei específica para cobrar imposto sobre certas transações que ocorrem na internet, a respectiva cobrança não poderá atingir fatos geradores que se concretizaram antes da vigência da norma. Os efeitos são para o futuro. A retroatividade da lei tributária somente é admissível em hipóteses que beneficiem o contribuinte.

— 4.2.3 —
Anterioridade da lei tributária

Também conhecido como *princípio da não surpresa*, o princípio da anterioridade da lei tributária está relacionado ao princípio geral da segurança jurídica. Ele impõe:

> um intervalo mínimo entre a publicação da lei que cria ou majora o tributo e a data de sua efetiva exigência. Sua finalidade é dar um "prazo de respiro" a fim de que o contribuinte possa preparar-se para pagar novos valores ao Fisco. (Mazza, 2022, p. 147)

A anterioridade, atualmente, materializa-se pela sobreposição de duas regras previstas nas alíneas "b" e "c" do art. 150, inciso III, da CF:

1. não se pode cobrar tributos "no mesmo exercício financeiro em que haja sido publicada a lei que os instituiu ou aumentou" (alínea "b" – **anterioridade genérica** ou anual); e, além disso,

2. há que se respeitar um intervalo mínimo de 90 dias entre a publicação da lei e seus efeitos (alínea "c" – **anterioridade nonagesimal**).

Assim, vejamos os seguintes exemplos (supondo que todos os meses do ano têm 30 dias):

1. Se a lei que majorou o tributo foi publicada no dia 30 de outubro, seus efeitos somente se farão sentir a partir do dia 30 de janeiro.
2. Se a lei foi publicada no dia 15 de julho, em razão da alínea "b" anteriormente referida, os efeitos somente poderão ocorrer a partir do dia 1º de janeiro.

Ressaltamos que a anterioridade genérica e a nonagesimal são a regra, e elas sobrepõem-se não apenas para tributos novos, mas também para a majoração de tributos já existentes.

O que ocorre é que, dependendo do mês, um princípio terá mais efeitos práticos do que o outro. Então, para um tributo criado no início do ano, os dois princípios se aplicam, mas a anterioridade genérica terá mais efeito, pois o efeito da majoração do tributo ficará para o ano seguinte. Se a majoração for em novembro, a anterioridade genérica será menos relevante que a nonagesimal.

Existem algumas exceções à aplicação, ora da anterioridade genérica, ora da anterioridade nonagesimal. O parágrafo 1º do art. 150 da Constituição Federal determina que:

A vedação do inciso III, b, não se aplica aos tributos previstos nos arts. 148, I, 153, I, II, IV e V; e 154, II; e **a vedação do inciso III, c**, não se aplica aos tributos previstos nos arts. 148, I, 153, I, II, III e V; e 154, II, nem à fixação da base de cálculo dos impostos previstos nos arts. 155, III, e 156, I. (Brasil, 1988b, grifo nosso)

Desse modo, como efeito da exceção apontada, um aumento na alíquota do imposto de exportação (CF, art. 153, II) pode ter efeito imediato. Em 28 de fevereiro de 2023, o governo federal, por força da Medida Provisória n. 1.163/2023 (art. 7º), determinou, com efeitos imediatos, que o imposto de exportação sobre óleos brutos de petróleo ou de minerais betuminosos, que tinha alíquota igual a zero, fosse aumentado para 9,2 % (Brasil, 2023c) para compensar a queda na arrecadação de outros tributos.

A CF aponta outras exceções no art. 150, parágrafo 1º. Assim, por exemplo, um aumento da alíquota do Imposto de Renda (art. 153, III) terá de aguardar o próximo exercício financeiro, mas não precisa respeitar a anterioridade nonagesimal. A majoração do IPI (art. 153, IV), a seu turno, poderá ocorrer no mesmo exercício fiscal, mas deverá aguardar 90 dias. Há também exceção para o ICMS envolvendo suas alíquotas nas operações com combustíveis e lubrificantes (CF, art. 155, § 4º, IV, "c"), que poderão ser reduzidas e depois restabelecidas, sem violar o art. 150, inciso III, alínea "b".

Importante dizer que esse princípio, pela própria lógica, não se aplica a hipóteses em que tributos são reduzidos ou extintos. Afinal, o contribuinte não tem a lamentar uma surpresa que irá beneficiá-lo.

— 4.2.4 —
Capacidade contributiva

O princípio da capacidade contributiva não se aplica a todos os tributos. O parágrafo 1º do art. 145 da CF determina que: "Sempre que possível, os impostos terão caráter pessoal e serão graduados segundo a capacidade econômica do contribuinte" (Brasil, 1988b). Trata-se de modular a carga tributária para não levar o contribuinte à ruína, nem obrigá-lo a se desfazer do bem objeto do tributo.

Ele impede, por exemplo, que tenhamos uma alíquota de 50% no IPTU ou no IPVA. Ele também sugere que o imposto de renda da pessoa física tenha diferentes alíquotas em função da renda do contribuinte, inclusive, isentando do recolhimento aqueles que têm uma renda considerada baixa.

Há, entretanto, um problema prático para sua concretização. Em impostos relacionados ao consumo, como o ICMS e o IPI, o contribuinte, de fato, é o consumidor, pois são tributos indiretos, como vimos na Seção 3.4.1. Essa característica dificulta a aplicabilidade da capacidade contributiva.

Como o governo tributará menos quem tem menor renda? O que se busca fazer, por um lado, é reduzir a alíquota sobre produtos de primeira necessidade, como arroz e feijão. Por outro lado, aumenta-se a alíquota de produtos considerados supérfluos, como refrigerantes, cigarros e perfumes.

— 4.2.5 —
Princípio da vedação do confisco

O art. 150, inciso IV, da CF proíbe a utilização do tributo "com efeito de confisco". Esse princípio não proíbe apenas que o tributo corresponda ao valor do bem, mas também veda que o tributo seja exorbitante a ponto de obrigar a pessoa a se desfazer do bem para pagar o tributo ou para deixar de ser tributado no futuro. Esse princípio tenta evitar, ainda, que o tributo tenha características que tornem inviável o exercício de uma atividade econômica lícita. Envolve questões no âmbito da razoabilidade e da capacidade contributiva.

Há países que não adotam esse princípio. Estes, ao contrário, ameaçam tributar pesadamente obras de arte de grande valor histórico quando elas vêm a integrar o acervo de uma herança. O objetivo é estimular os herdeiros a doar as obras de arte para museus e outras instituições culturais, escapando, assim, da tributação.

— 4.2.6 —
Princípio da uniformidade geográfica

O princípio da uniformidade geográfica está presente no art. 151, inciso I, da CF, que determina ser vedado à União:

> instituir tributo que não seja uniforme em todo o território nacional ou que implique distinção ou preferência em relação a Estado, ao Distrito Federal ou a Município, em detrimento de outro, admitida a concessão de incentivos fiscais destinados a promover o equilíbrio do desenvolvimento socioeconômico entre as diferentes regiões do País. (Brasil, 1988b)

Esse princípio exige que a União, ao estipular as alíquotas de seus tributos, não crie distinções entre estados, regiões ou municípios. Segundo Mazza (2022, p. 163), corresponde a um desdobramento "do princípio da isonomia na relação entre a União e as demais entidades federativas, proibindo favoritismos ou discriminações negativas no modo como os tributos federais são cobrados nos outros entes políticos".

Dada a força desse princípio e para evitar uma surpresa que poderia ser catastrófica para o Estado do Amazonas, o art. 40 do Ato das Disposições Constitucionais Transitórias (ADCT) precisou determinar a manutenção da Zona Franca de Manaus, "com suas características de área livre de comércio, de exportação e importação, e de incentivos fiscais, pelo prazo de vinte e cinco anos, a partir da promulgação da Constituição" (Brasil, 1988a).

4.2.7
Princípio da não limitação ao tráfego de pessoas e bens

O art. 150, inciso V, da CF veda aos entes da Federação "estabelecer limitações ao tráfego de pessoas ou bens, por meio de tributos interestaduais ou intermunicipais, ressalvada a cobrança de pedágio pela utilização de vias conservadas pelo Poder Público" (Brasil, 1988b).

Essa regra impede, por exemplo, que cidades turísticas cobrem taxas para o pernoite de veículos emplacados em outros estados ou municípios.

4.3
Limitações ao poder de tributar: imunidades

As imunidades tributárias são limitações à competência tributária dos entes federados e fazem com que a realização do fato gerador não culmine com o surgimento de um crédito. Suas hipóteses decorrem de princípios e garantias constitucionais relacionados a valores políticos, religiosos e sociais que, em prol da sobrevivência destes, o constituinte de 1988 decidiu deixar a salvo da tributação (Sabbag, 2021).

Todas as imunidades estão listadas na Constituição Federal. Essa característica as coloca em uma categoria finita e facilmente determinável de hipóteses que geram, em desfavor dos entes formadores da Federação brasileira, uma incompetência tributária ou, ainda, uma situação especial de não incidência tributária.

As imunidades são mais conhecidas pelo seu efeito no campo dos impostos. Desse modo, vejamos o que preconiza o art. 150, inciso VI, da CF:

> Art. 150. Sem prejuízo de outras garantias asseguradas ao contribuinte, é vedado à União, aos Estados, ao Distrito Federal e aos Municípios:
>
> VI – instituir **impostos** sobre:
>
> a) patrimônio, renda ou serviços, uns dos outros;
>
> b) templos de qualquer culto;
>
> c) patrimônio, renda ou serviços dos partidos políticos, inclusive suas fundações, das entidades sindicais dos trabalhadores, das instituições de educação e de assistência social, sem fins lucrativos, atendidos os requisitos da lei;
>
> d) livros, jornais, periódicos e o papel destinado a sua impressão.
>
> e) fonogramas e videofonogramas musicais produzidos no Brasil contendo obras musicais ou literomusicais de autores brasileiros e/ou obras em geral interpretadas por artistas brasileiros bem como os suportes materiais ou arquivos digitais que os contenham, salvo na etapa de replicação industrial de mídias ópticas de leitura a laser. (Brasil, 1988b, grifo nosso)

Em meio a esse rol, ganham destaque as alíneas "a" e "b", pela grande quantidade de ações judiciais que envolvem sua interpretação.

A imunidade da alínea "a" veda à União, aos estados, ao Distrito Federal e aos municípios instituir impostos sobre o patrimônio, a renda ou os serviços, uns dos outros. É a chamada **imunidade recíproca**. Ela está presa ao princípio federativo que busca criar uma convivência harmônica entre os entes da Federação, ajudando a reconhecer que não existe relação hierárquica entre eles.

Ademais, a receita dos entes políticos deve se destinar à satisfação do interesse público o que inclui, por exemplo, a oferta de serviços à população.

Essa imunidade, de acordo com o parágrafo 2º do art. 150 da CF, é "extensiva às autarquias e às fundações instituídas e mantidas pelo Poder Público, no que se refere ao patrimônio, à renda e aos serviços, vinculados a suas finalidades essenciais ou às delas decorrentes" (Brasil, 1988b).

A imunidade concedida aos "templos de qualquer culto" (alínea "b") justifica-se "a serviço da liberdade de crença e da garantia de livre exercício dos cultos religiosos, assegurada proteção aos locais de culto e às suas liturgias, conforme se colhe do art. 5º, VI, da CF" (Paulsen, 2022, p. 53). Compreende "somente o patrimônio, a renda e os serviços, relacionados com as finalidades essenciais das entidades nelas mencionadas" (Brasil, 1988b, art. 150, § 4º).

Esse parágrafo, entretanto, não tem impedido uma interpretação bastante ampla de seu sentido para incluir, por exemplo, as rendas obtidas com programas de rádio e de televisão usados para propagar aquela determinada fé.

No que tange aos imóveis pertencentes às Igrejas, a imunidade atinge não apenas o IPTU dos templos, mas também o IPTU de outros imóveis e a renda obtida na cobrança de aluguéis a terceiros, quando esses valores são vertidos em favor das atividades essenciais da entidade, conforme decisão proferida no Agravo Regimental no Recurso Extraordinário com Agravo n. 694.453 (STF, 2013).

As imunidades não estão restritas aos impostos. A título de exemplo, vejamos o parágrafo 7º do art. 195 da Constituição Federal, que preconiza: "São isentas de contribuição para a seguridade social as entidades beneficentes de assistência social que atendam às exigências estabelecidas em lei" (Brasil, 1988b).

Da mesma forma, as contribuições sociais e de intervenção no domínio econômico (Cides) "não incidirão sobre as receitas decorrentes de exportação", conforme art. 49, parágrafo 2º, inciso I, da CF (Brasil, 1988b).

Há quem confunda, indevidamente, imunidade com isenção. Trataremos desse tema na Seção 7.3.

Ainda que de maneira implícita (em alguns casos), neste capítulo, vimos que o sistema tributário demonstra uma clara preocupação em proteger os administrados. A própria competência tributária impede que diferentes entes criem tributos sobre os mesmos fatos (bitributação), o que fica ainda mais evidente nas regras limitadoras para a criação de tributos não previstos na Constituição Federal.

As imunidades, indo ainda além, ajudam a proteger certos valores do nosso Estado de direito, como o funcionamento de templos de qualquer culto, dos partidos políticos, bem como do acesso à cultura, representada por livros, por jornais e pela música brasileira.

Capítulo 5

*Da hipótese de incidência à
obrigação tributária*

Já foi dito que o Brasil, na condição de Estado soberano, tem poder para, na ordem interna, buscar recursos para realizar seus objetivos. Isso inclui o poder para criar relações jurídico-tributárias entre os diferentes entes da Federação e os contribuintes. Esses vínculos não se restringem ao direito de exigir do sujeito passivo um pagamento em dinheiro (obrigação tributária principal). Isso porque, em auxílio à atuação do Fisco, há que se criar outros tipos de obrigações. Exige-se do contribuinte comportamentos previstos na norma tributária que facilitam a fiscalização e a cobrança dos tributos. A título de exemplo, há o dever de os motoristas dos veículos de transporte de carga pararem nos postos fiscais, na fronteira entre os estados, para ser vistoriados. É uma obrigação tributária acessória que, não sendo voluntariamente cumprida, gera o dever de pagar uma multa.

    O presente capítulo tem como objetivo principal a constituição e a natureza da obrigação tributária principal. Assim como ocorre com as obrigações de direito privado, ela também tem dois ou mais sujeitos, um objeto e uma causa admitida em lei. Entretanto, a obrigação tributária tem outras tantas peculiaridades que justificam um estudo apartado no âmbito do direito tributário.

    Uma das peculiaridades deve ser apontada desde já, neste trecho ainda introdutório: a constituição da obrigação tributária principal não faz com que ela seja, desde o início, exigível contra o sujeito passivo. Em outras palavras, o fato de alguém saber que deverá pagar o Imposto sobre Propriedades de Veículos Automotores (IPVA) no início de cada ano não faz com que o estado, no dia 1º de janeiro, o possa cobrar.

É preciso, inicialmente, situar o presente capítulo dentro do encadeamento de fases que nos leva da hipótese criada pelo legislador até o momento em que o tributo torna-se exigível. Um exemplo didático seria o seguinte:

- 1ª etapa: a norma define a hipótese de incidência de determinado tributo (exemplo: se alguém possuir um automóvel, deverá pagar IPVA);
- 2ª etapa: o contribuinte reproduz concretamente a hipótese descrita na lei (fato gerador);
- 3ª etapa: a ocorrência do fato faz nascer a obrigação tributária;
- 4ª etapa: o Fisco, dadas as etapas anteriores, promove o lançamento tributário;
- 5ª etapa: constituição do crédito tributário (exemplo: o IPVA passa a ser exigível).

Eventualmente, o tributo não sendo pago, haverá a inscrição em dívida ativa, a expedição da Certidão da Dívida Ativa (CDA) e o ajuizamento da execução fiscal contra o contribuinte inadimplente.

O presente capítulo, entretanto, abordará apenas as três primeiras etapas e terminará com algumas palavras sobre as obrigações tributárias acessórias.

Comecemos, pois, examinando a hipótese de incidência.

5.1
Hipótese de incidência

A obrigação tributária não nasce de um acordo de vontades entre o contribuinte e o Estado. Ela nasce da soberania do Estado sobre o território e sobre o cidadão. Essa soberania não é mais arbitrária. O dever de recolher tributos decorre do sistema normativo e precisa ser previsível, calcado em critérios objetivos que permitam ao contribuinte planejar sua vida (planejamento tributário).

Desse modo, para cada tributo tem de haver uma estipulação sobre o gatilho que permitirá o surgimento da obrigação. Essa questão é bastante antiga e surgiu desde o momento em que se buscou codificar e sistematizar o direito tributário, até como forma de proteger o contribuinte dos abusos do Estado.

A fórmula adotada pelo Brasil tem origem no Código Tributário alemão de 1919 e na doutrina italiana que se seguiu (Teodorovicz, 2019). É com base nessas fontes que surgiu a expressão *fato gerador*, objeto de muitas controvérsias, visto que o Código Tributário Nacional (CTN) engloba duas situações distintas (Brasil, 1966).

Schoueri (2022) alerta que tanto o CTN quanto a Constituição Federal (CF) utilizam a expressão *fato gerador* para referir-se à circunstância abstrata, definida pelo legislador (hipótese de incidência), bem como para aludir aos fatos concretos realizados pelo contribuinte e que coincidem com aquela hipótese (o chamado *fato imponível*, ou *fato gerador em sentido estrito* ou, ainda, *fato jurídico tributável*). De acordo com Schoueri (2022, p. 568), "do ponto de vista lógico, são coisas diversas: a hipótese é abstrata; o fato é concreto".

Sistematizando essa conclusão, temos o seguinte:

---

1. De um lado, temos o fato gerador como descrição de uma situação hábil para gerar a obrigação tributária. É o **fato gerador abstrato**, também chamado pela doutrina de *hipótese de incidência*. Nada ainda aconteceu. O que temos é uma previsão da lei.
2. De outro lado, temos o fato gerador na condição de "situação jurígena que ocorre no mundo real, instaurando relações jurídicas (fato gerador concreto)" (Coêlho, 2020, p. 440). Em outras palavras, é o momento em que o contribuinte, efetivamente, realizou o fato descrito na norma.

O termo *hipótese de incidência* não é usado por todos os doutrinadores. Sobre esse aspecto, esclarece Mazza (2022, p. 361, grifo nosso): "Na doutrina, os termos '**hipótese de incidência**' e '**regra-matriz de incidência**' são equivalentes. O primeiro é mais tradicional e foi difundido pela obra de Geraldo Ataliba. O segundo, mais moderno, é de Paulo de Barros Carvalho".

De início, fica claro que a hipótese de incidência é um elemento que antecede o fato, prevendo as consequências da realização concreta deste. Ela é de grande importância para a segurança jurídica dos contribuintes, protegendo-os de cobranças não previstas na lei. Se alguém comprou uma garrafa de vinho francês em supermercado de São Paulo, não é correto que venha a ser cobrado pelo imposto de importação, que tem como hipótese de incidência a introdução da mercadoria estrangeira em território nacional (CTN, art. 19).

Ela também nos ajuda a planejar nossas vidas. Eu adoraria ter uma Ferrari zero quilômetro. A única coisa que me impede é que sei que a propriedade desse veículo coincidiria com a hipótese de incidência do IPVA, que, no caso do referido veículo, resultaria no pagamento de um tributo expressivo.

A hipótese ficará adormecida caso ninguém venha a reproduzi-la. Há grande semelhança com o que acontece no direito penal, com a figura dos tipos penais. Um exemplo de tipo penal é o art. 133 do Decreto-Lei n. 2.848, de 7 de dezembro de 1940, o Código Penal brasileiro vigente (Brasil, 1940). Ele descreve o crime de abandono de incapaz: "Abandonar pessoa que está sob seu cuidado, guarda, vigilância ou autoridade, e, por qualquer motivo, incapaz de defender-se dos riscos resultantes do abandono" (Brasil, 1940). Se Caio, Tício ou Mévio, durante suas vidas, nunca vierem a reproduzir esse tipo penal, ele quedará como mera hipótese.

Sobre as características da norma que descreve a hipótese de incidência, Paulsen (2022, p. 233) ensina que:

> A lei que veicula a norma tributária impositiva deverá conter os aspectos indispensáveis para que se possa determinar o surgimento e o conteúdo da obrigação tributária, ou seja, qual a situação geradora da obrigação tributária (aspecto material), onde a sua ocorrência é relevante (aspecto espacial) e quando se deve considerar ocorrida (aspecto temporal), bem como quem está obrigado ao pagamento (aspecto pessoal: sujeito passivo), em favor de quem (aspecto pessoal: sujeito ativo), e qual o montante devido (aspecto quantitativo).

Sacha Calmon Coêlho (2022) faz fila com aqueles que veem a norma jurídico-tributária dividida em duas partes: 1) hipótese endonormativa e 2) consequência endonormativa. Sem nos alongarmos sobre a terminologia adotada pelo autor, ele oferece o seguinte exemplo sobre a estrutura da hipótese de incidência do Imposto Predial e Territorial Urbano (IPTU):

> **Critério material** – ser proprietário ou possuidor de imóvel
>
> **Critério temporal** – durante determinado lapso de tempo de um ano-calendário
>
> **Critério espacial** – nos limites urbanos de um Município brasileiro. (Coêlho, 2022, p. 298, grifo nosso)

O critério (ou aspecto) material é a descrição do fato. *Ser proprietário* é um fato para o IPTU como "a entrada de produto estrangeiro" o é para o imposto de importação.

Ainda com relação à hipótese de incidência, Coêlho (2022) destaca a importância do **aspecto pessoal**. Isso porque, ao se descrever a hipótese que servirá de tipo ao eventual fato jurígeno da obrigação, há sempre uma pessoa envolvida. "Os atributos ou qualificações dessa pessoa são importantes para a delimitação da hipótese de incidência" (Coêlho, 2022, p. 298).

— 5.2 —
Fato gerador

Desse modo, para que o Estado possa cobrar dado tributo, é indispensável que alguém reproduza a hipótese prevista em lei, transformando-a em fato. No caso do imposto de importação, será necessário que alguém, por exemplo, efetivamente entre no território brasileiro carregando, em sua bagagem, produtos fabricados em outro país. Esse fato gerador, para diferenciar da mera hipótese de incidência, é chamado, pela doutrina, de *fato gerador concreto, fato jurídico tributário* ou *fato imponível*.

Mazza (2022, p. 361) destaca:

> Trata-se de uma técnica utilizada em todos os países ocidentais modernos para dar nascimento à obrigação tributária. Primeiro, o legislador descreve uma certa conduta (hipótese

de incidência). Então, quando determinado sujeito realiza no mundo concreto (fato gerador) a conduta descrita na hipótese de incidência, passa a ter o dever de pagar o tributo.

A título de aprofundamento do conceito, é pertinente trazermos à luz a seguinte observação de Schoueri (2022, p. 77):

> Do ponto de vista material, cabe considerar, ainda, a "fonte real", i.e., os pressupostos de fato da tributação. Desse modo, para que haja um tributo, é necessário que haja alguma circunstância que, nos termos prestigiados pelo Direito, dê nascimento àquela relação jurídica. Assim, não basta que o legislador preveja a incidência do tributo sobre a propriedade de um automóvel. A tributação somente existirá se aquela hipótese abstrata se concretizar, i.e., se houver alguém que seja proprietário de um automóvel. Nesse sentido, aquele fato se torna fonte para a tributação.

Como o CTN descreve esse instituto? Segundo o CTN, no art. 114, "fato gerador da obrigação principal é a situação definida em lei como necessária e suficiente à sua ocorrência" (Brasil, 1966). Necessária e suficiente à ocorrência do quê? Da obrigação tributária principal. O fato gerador concreto é o gatilho que dará origem à fase posterior, que é o surgimento da obrigação.

Sendo assim, podemos resumir o surgimento da obrigação tributária principal através da seguinte estrutura:

Hipótese de incidência → Fato gerador → Obrigação tributária principal

Além de ser condição para o surgimento da obrigação tributária, o fato gerador é um elemento muito importante para distinguirmos as taxas e as contribuições de melhoria das outras espécies tributárias porque, como vimos, o fato gerador da taxa é "o exercício regular do poder de polícia, ou a utilização, efetiva ou potencial, de serviços públicos específicos e divisíveis, prestados ao contribuinte ou postos a sua disposição" (Brasil, 1966, art. 77).

Nesse caso, o fato gerador do tributo pode ser uma ação realizada pelo ente público ao fiscalizar um estabelecimento hospitalar, por exemplo. Sobre a contribuição de melhoria, sugerimos a leitura do art. 81 do CTN.

Antes de passarmos ao estudo da obrigação tributária, devemos abordar os aspectos temporais e espaciais do fato gerador.

— 5.2.1 —
Aspectos temporais do fato gerador

Existem diferentes modalidades de fato gerador, sendo pertinente destacar as seguintes, relacionadas ao aspecto temporal: fato gerador instantâneo, fato gerador continuado e fato gerador complexo.

O **fato gerador instantâneo** surge da própria natureza do tributo, consistindo em um ato que ocorre em um momento relativamente preciso, como a venda de uma mercadoria e a consequente saída do bem do estabelecimento. Nesse caso, realizando-se o fato gerador, imediatamente, surge a obrigação tributária.

O **fato gerador continuado** é uma situação diversa, que ocorre nos tributos relacionados à propriedade, como o IPTU e o IPVA. Se o Sr. Pangloss adquiriu seu automóvel em 2015 e tem sua posse até a data de hoje, temos um *status* jurídico que se estenderá indefinidamente no tempo (Paulsen, 2022). Esses tributos, então, serão cobrados a cada ano, enquanto esse vínculo de propriedade se manifestar presente. Por uma questão de ordem prática, as legislações locais (estaduais ou municipais, a depender do caso) costumam fixar o dia 1º de janeiro como a data para a apuração da ocorrência do fato gerador.

No **fato gerador complexo** – também conhecido como *complessivo* ou *complexivo* –, não há um momento específico para a sua configuração. Sua caracterização depende de uma série de acontecimentos no decorrer de um tempo predeterminado.

É o caso do Imposto de Renda (IR), que dependerá de uma série de atos realizados durante todo o ano fiscal. Isso é assim porque o lucro "não pode ser aferido de um dado isolado como o ingresso de dinheiro em uma conta corrente, dependendo, isso sim, da consideração, em conjunto, das receitas e das despesas necessárias à produção dessa receita num determinado período de tempo" (Paulsen, 2022, p. 191).

Segundo Mazza (2022, p. 362), "como o que existe é uma situação estendida no tempo, cabe ao legislador fixar qual a data em que juridicamente se tem como nascida a obrigação de pagar o tributo". E será do resultado dos cálculos realizados, durante aquele tempo e segundo a legislação tributária, que se terá a noção da matéria tributável.

— 5.2.2 —
Aspectos espaciais do fato gerador

O aspecto espacial do fato gerador envolve as condições de lugar em que o fato gerador deve ocorrer, excluindo da incidência do tributo os fatos que não estão conformes com o lugar previsto na norma.

Assim, por exemplo, se pensarmos nos tributos que incidem sobre bens imóveis, temos que o IPTU somente pode incidir sobre imóveis situados na zona urbana do município. Por sua vez, o Imposto sobre a Propriedade Territorial Rural (ITR) somente pode incidir sobre os imóveis situados na zona rural. Em outros tributos, como o Imposto sobre Operações relativas à Circulação de Mercadorias e sobre Prestações de Serviços de Transporte Interestadual e Intermunicipal e de Comunicação (ICMS) e o Imposto sobre Serviços (ISS), o desafio poderá ser o de descobrir em que lugar o fato gerador ocorreu para que se possa apontar qual ente da federação terá a legitimidade ativa para exigir o pagamento do tributo.

Segundo Harada (2021, p. 687), "esse aspecto diz respeito ao lugar da concretização do fato qualificado como suficiente para desencadear o nascimento da obrigação tributária. É decorrente do princípio da territorialidade da lei tributária e, normalmente, determina qual a lei aplicável".

Esse ponto sempre foi relevante. Com a popularização dos contratos eletrônicos, especialmente, por meio da internet, a definição do local da realização do fato gerador ganhou mais do que relevo, visto que passou a produzir sérias controvérsias.

Um exemplo interessante deu-se com a locação de imóveis particulares, por curta temporada, para turistas. Um dos serviços *on-line* que lideraram essa tendência foi o da empresa britânica Airbnb. Esse serviço chamou a atenção do governo francês e da prefeitura de Paris, dado que dezenas de milhares de pessoas deixaram de se hospedar em hotéis franceses para desfrutar de estadias em residências particulares, privando o governo da arrecadação de tributos.

Não apenas havia a sonegação de imposto sobre a renda por parte dos locadores franceses, mas também faltava à legislação tributária francesa meios de tributação do serviço prestado por uma empresa situada em Londres, relativo a clientes residentes fora do país e que haviam firmado seus contratos pela internet (Airbnb, 2023).

Em situações como essa, há necessidade de alteração da norma tributária, ampliando a hipótese de incidência para que se possa atingir essa nova circulação de riqueza.

A questão do local da realização do fato gerador também interessa ao contribuinte. Assim, se tomarmos como exemplo o ISS, de competência dos municípios, vários aspectos interessantes podem ser referidos. De início, a Lei Complementar n. 116, de 31 de julho de 2003, em seu art. 3º, determina que "o serviço considera-se prestado, e o imposto, devido, no local do estabelecimento prestador ou, na falta do estabelecimento, no local do domicílio do prestador" (Brasil, 2003b).

Essa regra geral permite ao município saber em que situação (geográfica) a ocorrência do fato gerador do ISS fará surgir, em seu favor, a obrigação tributária. Entretanto, também o contribuinte precisa saber a qual município ele deve pagar. Essa resposta permitirá ainda que o contribuinte elabore políticas de planejamento tributário. Isso porque as alíquotas do ISS podem variar de um município para outro, não podendo ultrapassar 5%. Assim, dependendo da atividade exercida por uma empresa, pode ser vantajoso para ela se instalar em um município onde a alíquota seja de apenas 2%.

O Município de Barueri, no Estado de São Paulo, é famoso por ser uma espécie de paraíso fiscal para grandes empresas que prestam serviços em âmbito nacional, justamente por cobrar apenas 2% de ISS para quase todos os tipos de serviços (Barueri 2017). Essa estratégia trouxe bastante riqueza para esse município da Grande São Paulo, assim como economia de gastos para as empresas envolvidas.

Contudo, ainda usando o ISS como exemplo, o art. 3º da Lei Complementar n. 116/2003 aponta exceções em que não se levará em conta o local do estabelecimento ou o domicílio do prestador de serviço. A ênfase será dada ao local da prestação do serviço, em vários casos envolvendo instalação de andaimes, execução de obras, demolições, coleta de lixo, reflorestamento, adubagem, drenagem, entre outros, conforme os incisos I a XXV do art. 3º da referida Lei Complementar (Brasil, 2003b).

Todas essas questões devem ser levadas em conta no momento do recolhimento do tributo.

No caso da compra e da venda de um imóvel, o município competente para exigir o Imposto sobre Transmissão de Bens Imóveis (ITBI) é aquele onde se situa o imóvel, mesmo que a escritura seja feita em outro local.

No caso do ICMS, que é da competência dos estados, o aspecto espacial também é fundamental para a caracterização do sujeito ativo e, inclusive, da alíquota a ser paga pelo contribuinte.

— 5.3 —
Obrigação tributária principal

O CTN dispõe sobre a relação jurídico-tributária no tópico em que disciplina a "obrigação tributária".

De acordo com o art. 113 do CTN, existem obrigações tributárias principais e acessórias. As obrigações principais são as que mais despertam o interesse dos contribuintes, porque envolvem um dever de pagar tanto o tributo quanto, eventualmente, a multa – ou *penalidade pecuniária*, como denomina o art. 113, § 1º, do CTN (Brasil, 1966).

A obrigação tributária principal representa, desse modo, uma obrigação de dar, com cunho patrimonial (Sabbag, 2021). Conforme esclarece Schoueri (2021, p. 281):

> Uma "obrigação" implica um vínculo jurídico (i.e.: protegido pelo Direito) que une duas pessoas, por meio do qual uma (o devedor) deve efetuar uma prestação de natureza patrimonial (o objeto: dar, fazer ou não fazer) a outra (o credor). Se o devedor não cumprir sua obrigação, pode o credor pleitear ao Estado, por meio do Poder Judiciário, que constranja, inclusive com emprego da força, o devedor ao cumprimento da obrigação. Essa possibilidade, dada ao credor, de acionar o Estado, permite que se designe o credor de sujeito ativo, enquanto o devedor será o sujeito passivo.

Ela representa o fim em si de todo o direito tributário, ou seja, garantir o aporte de recursos financeiros oriundos dos contribuintes. Como vimos, ela nasce pela ocorrência de um fato jurígeno (o "fato gerador") previamente descrito na lei, como, por exemplo, ter um automóvel. Mas, para que ela seja exigível, para que haja um crédito do Fisco contra o contribuinte, é preciso o atingimento de uma fase seguinte, que é a constituição do crédito tributário, tema do Capítulo 7.

— 5.4 —
Obrigações tributárias acessórias

Até mesmo pessoas que não realizaram o fato gerador de uma obrigação tributária principal veem-se forçadas a realizar atos que irão colaborar com as medidas de fiscalização do Fisco. Sobre esse aspecto, Paulsen comenta (2022, p. 229):

> Por vezes, pessoas que não são obrigadas ao pagamento de determinado tributo também são chamadas a colaborar com a administração tributária, tomando medidas que facilitem a fiscalização, minimizem a sonegação ou assegurem o pagamento. Assim é que podem essas pessoas ser obrigadas a apresentar declarações, a exigir a prova do recolhimento de tributos para a prática de determinado ato, a efetuar retenções etc. É o caso das imobiliárias, obrigadas a informar sobre as operações através delas realizadas, e das empresas administradoras de cartões de crédito e instituições financeiras, obrigadas a informar sobre o volume das movimentações realizadas por seus clientes.

Nesse caso, referimo-nos à figura da **obrigação tributária acessória**. Esta, de acordo com o art. 113, parágrafo 2º, do CTN, "decorre da legislação tributária e tem por objeto as prestações, positivas ou negativas, nela previstas no interesse da arrecadação ou da fiscalização dos tributos" (Brasil, 1966).

Como dito há pouco, a norma cria, para os contribuintes, deveres que dificultarão a sonegação fiscal e também erros contábeis acidentais, que poderiam comprometer a arrecadação. Nessa linha, se os estabelecimentos comerciais emitem adequadamente as notas fiscais de venda de produtos ou serviços, o Estado poderá verificar, mais facilmente, se o contribuinte recolheu corretamente o ICMS e o ISS. Daí porque muitos estados e municípios criam prêmios para estimular os consumidores a exigir a nota fiscal (embora a emissão, por si, seja um dever, uma obrigação tributária acessória).

Essas obrigações não têm natureza pecuniária. Como ensina Coêlho (2022, p. 468), as obrigações acessórias "não passam de condutas positivas ou negativas que os contribuintes devem observar por expressas e imperativas determinações da lei. Enquanto a chamada obrigação principal é de dar coisa certa (dinheiro), a denominada *acessória* é de fazer ou não fazer".

Essas condutas devem ser realizadas não apenas pelas pessoas que pagam tributos, como também pelas pessoas imunes ou isentas (Caparroz, 2023). Há quem diga (Coêlho, 2022) que as obrigações acessórias precisam estar previstas em lei, em obediência ao comando constitucional do art. 5º, inciso II, da CF. Mas o termo *lei*, nesse caso, deve ser compreendido em seu sentido lato porque as obrigações acessórias, não raro, emergem de normas infralegais (Caparroz, 2023), como os decretos.

A experiência mostra que esse tipo de norma precisa de uma compulsoriedade que estimule o contribuinte a não se furtar de suas obrigações. Desse modo, "tanto os contribuintes como as demais pessoas estão sujeitos, ainda, à punição no caso de descumprimento das suas obrigações, desde que assim disponha a lei" (Paulsen, 2022, p. 229).

O CTN prevê que aquele que deixar de realizar qualquer obrigação acessória sofrerá uma penalidade de caráter pecuniário, como já citamos. Essa multa não é, tecnicamente, um tributo, entretanto, caso não seja paga, sofrerá o mesmo rito quanto à sua cobrança, que se aplica às obrigações principais, conforme art. 113, parágrafo 3°, do CTN (Brasil, 1966).

Daí a valiosa advertência de Schoueri (2022, p. 548) ao afirmar que, "embora o tributo não seja uma sanção por ato ilícito (art. 3° do CTN), a obrigação tributária é algo mais amplo, já que inclui o tributo e a sanção".

Outro aspecto a ser realçado é que o fato de o contribuinte ter realizado corretamente o recolhimento do tributo não o libera do dever de realizar a obrigação tributária acessória correspondente. Desse modo, o pagamento correto do ISS ao município não o exime do dever de emitir as notas fiscais.

Por fim, há quem critique a terminologia *obrigação tributária acessória*. Schoueri (2022, p. 553) sustenta que a dita "obrigação acessória" surge de um poder do Estado regulado pelo direito. É, para ele, "um dever jurídico, mas não da categoria obrigacional". Coêlho (2022) adota posição análoga, e um dos argumentos para essa conclusão é que nem sempre se conseguirá identificar um fato gerador abstrato (hipótese de incidência) para as obrigações acessórias. A autoridade pode, no curso de uma fiscalização, requerer um formulário diverso daquele previsto na lei para que o contribuinte comprove a regularidade da sua situação.

Obviamente, essa exigência, que não precisa estar expressamente prevista em lei, não pode ser absurda ou abusiva. Deve guardar relação com a dúvida levantada pelo Fisco. Assim, por exemplo, no caso do IR da pessoa física, não há abusividade em se pedir a certidão de nascimento dos filhos (dependentes do contribuinte) ou cópia da sentença judicial que fixou o dever de pagar alimentos.

— 5.5 —
Sujeitos da obrigação tributária

A partir do Capítulo 3, ressaltamos que a incidência do direito tributário faz surgir uma relação obrigacional, na qual haverá, por óbvio, uma parte credora e uma parte devedora. São os elementos subjetivos da obrigação tributária. Chegou a hora de conversarmos sobre eles e suas peculiaridades.

As semelhanças terminológicas com o direito privado não devem nos iludir, pois as diferenças são abissais. Afinal, no direito tributário, há o interesse público, quase sempre indisponível, o que atribui ao Fisco – como credor – não apenas um direito, mas também um dever de exigir o cumprimento da obrigação tributária. Esse dever está aparelhado com garantias e privilégios que poderão ser usados contra o devedor com uma intensidade poucas vezes vista no direito privado.

Uma vez examinadas as partes envolvidas na obrigação tributária, passaremos ao exame de questões relativas ao objeto da obrigação: a riqueza que servirá de base para o cálculo do tributo (base de cálculo) e a alíquota.

— 5.5.1 —
Sujeito ativo da obrigação tributária

Iniciemos o estudo abordando a parte credora. O sujeito ativo da obrigação tributária, segundo o art. 119 do CTN, "é a pessoa jurídica de direito público, titular da competência para **exigir** o seu cumprimento" (Brasil, 1966, grifo nosso).

Essa regra, aparentemente simples, tem gerado grandes controvérsias diante de situações práticas. Isso ocorre porque o verbo *exigir* não deixa claro se abarca ou não os atos de legislar, cobrar o tributo, ajuizar a execução fiscal (se necessário for) e, efetivamente, ter a quantia para si, dispondo dos recursos obtidos.

Nas palavras de Caparroz (2023, p. 239, grifo nosso), o sujeito ativo é "o titular da competência, ou seja, a pessoa que **recebeu poderes da Constituição para legislar e dispor sobre tributos**".

Harada (2021, p. 682, grifo nosso), ao discutir os contornos do sujeito ativo, afirma que, "em nosso sistema constitucional, somente a União, os Estados, o Distrito Federal e os Municípios são titulares de competência impositiva (arts. 153, 155 e 156 da CF). A outorga de competência tributária envolve o poder de **instituir o tributo, por lei, fiscalizar e arrecadar**".

Regina Costa (2022, p. 229), a seu turno, afirma que:

> O sujeito ativo da obrigação tributária é o titular da capacidade tributária ativa, vale dizer, aquela pessoa que detém a aptidão para arrecadar e fiscalizar a exigência fiscal. Nem sempre será uma pessoa política, que ostenta competência tributária, pois poderá ter ocorrido a transferência de sua capacidade tributária ativa. Nesse caso, tratarseá de parafiscalidade, assim entendida a delegação, pela pessoa política, mediante lei, a outra pessoa, das aptidões para arrecadar e fiscalizar tributos.

Hugo de Brito Machado (2009, p. 139), a seu turno, sustenta que o sujeito ativo "não é necessariamente titular da competência para instituir o tributo". Para ele, não se pode confundir "a competência para instituir o tributo, que decorre da Constituição Federal e é indelegável, com a competência para exigir o tributo na condição de sujeito ativo, que pode decorrer de atribuição feita pela lei" (Machado, 2009, p. 139).

Trazendo um pouco de complexidade ao tema, o art. 7º do CTN determina que "a competência tributária é indelegável, salvo atribuição das funções de **arrecadar ou fiscalizar tributos**" (Brasil, 1966, grifo nosso). Em outras palavras, o sujeito ativo é sempre uma pessoa jurídica de direito público, definida pela Constituição Federal (CF). Entretanto, caso haja previsão em lei, pode-se atribuir a uma autarquia ou a uma pessoa jurídica de direito privado aquilo que se convencionou chamar de "**capacidade tributária ativa**" (Mazza, 2022, p. 227, grifo nosso).

Ademais, aquele que recebe a delegação para arrecadar também poderá ser o próprio destinatário dos recursos. Nesse ponto, os doutrinadores alertam que, embora a competência tributária seja indelegável, "não podemos confundir o sujeito ativo com o **destinatário** dos recursos oriundos do tributo, pois este último pode ser pessoa jurídica de direito privado" (Caparroz, 2023, p. 367, grifo do original).

Sobre a temática, cumpre apontar um exemplo bastante comum.

O art. 149 da Constituição Federal estabelece que "compete exclusivamente à União instituir contribuições sociais [...] de interesse das categorias profissionais ou econômicas, como instrumento de sua atuação nas respectivas áreas" (Brasil, 1988b). Como categorias profissionais, citemos a Ordem dos Advogados do Brasil (OAB), os Conselhos Regionais de Medicina (CRM), assim como o de enfermagem, entre outros.

Nessa linha, a União Federal editou diversas leis ordinárias estabelecendo – criando – as contribuições devidas a esses órgãos representativos, entretanto a União não cuidará da cobrança desses tributos.

A Lei n. 12.514, de 28 de outubro de 2011, por exemplo, visa à fixação de "valores devidos a conselhos profissionais, quando não existir disposição a respeito em lei específica" (Brasil, 2011b, art. 3º). Essa norma estipula que **os conselhos têm competência para cobrar as anuidades**, conforme o art. 4º, inciso II, e determina, em seu art. 6º, que "o fato gerador das anuidades é a existência de inscrição no conselho, ainda que por tempo limitado, ao longo do exercício" (Brasil, 2011b).

Nessa linha, para Regina Costa (2022), o art. 119 do CTN está defasado em relação ao atual ordenamento jurídico. Ela sustenta que os sujeitos ativos da obrigação tributária não são, necessariamente, pessoas políticas. Dependendo das circunstâncias, serão igualmente pessoas que, por delegação, receberam a capacidade tributária ativa. Nessa linha, podem ter "personalidade jurídica de direito público (como autarquias ou fundações) ou privado, desde que desempenhem atividade de interesse público (como os serviços sociais autônomos – Sesc, Sebrae etc.)" (Costa, 2022, p. 229).

Brito Machado Segundo (2022) parece adotar essa corrente ao vislumbrar, como sujeito ativo, os cartórios. Estes, embora sejam pessoas jurídicas de direito privado, "exercem serviço público delegado, e recebem de seus usuários uma remuneração que tem natureza de taxa" (Machado Segundo, 2022, p. 140).

O que parece estar claro é que há a **competência tributária** para a instituição dos tributos e que ela está definida no bojo da Constituição Federal, como vimos no Capítulo 4.

Na maior parte dos casos, a competência tributária coincidirá com a pessoa jurídica de direito público a quem a lei atribuirá a posição de sujeito ativo. Mas, em alguns casos, poderá a lei atribuir o papel de **sujeito ativo** a outra pessoa jurídica, inclusive, de direito privado. Isso tende a ser mais frequente para o caso das taxas e das contribuições especiais.

Schoueri (2022, p. 619) assim resume a conclusão: "A posição de sujeito ativo da relação tributária decorre da lei; a competência, por sua vez, da Constituição Federal".

— 5.5.2 —
Sujeito passivo da obrigação tributária principal

Segundo o art. 121 do CTN, "sujeito passivo da obrigação principal é a **pessoa obrigada** ao pagamento de tributo ou penalidade pecuniária" (Brasil, 1966, grifo nosso).

Essa pessoa pode ser física ou jurídica. Aliás, para deixar ainda mais clara a abrangência do conceito, tanto pode ser uma pessoa física absolutamente incapaz (como uma criança) quanto uma empresa irregularmente constituída (CTN, art. 126). Para tanto, basta que estejam realizando o fato gerador (como o recebimento de aluguéis) ou, de alguma maneira, sejam responsáveis pela obrigação, na forma da lei.

Uma leitura atenta do art. 121 do CTN é suficiente para deixar a impressão de que o sujeito passivo nem sempre coincidirá com a pessoa que realizou o fato gerador. E isso é verdade. Por tratarmos de um tipo de obrigação não contratual, o legislador pode desenvolver estratégias singulares para aumentar a eficiência do sistema arrecadatório, ampliando o rol das pessoas obrigadas a contribuir para a satisfação do crédito. Eis porque se apresentarão, a seguir, diferentes espécies de sujeitos passivos.

Espécies de sujeitos passivos

O próprio CTN (art. 121, parágrafo único) vislumbra duas espécies de sujeitos passivos: 1) o contribuinte e 2) o responsável.

Consideramos **contribuinte** quem "tenha relação pessoal e direta com a situação que constitua o respectivo fato gerador" (Brasil, 1966, art. 121, § único, I).

O contribuinte é também conhecido como *sujeito passivo direto*, pois é a pessoa que tira proveito econômico do fato jurídico (Costa, 2022). Nessa linha, o proprietário de um apartamento, em virtude de seu vínculo direto e pessoal com o bem em questão, será o sujeito passivo, na qualidade de contribuinte, quando da cobrança do IPTU. A pessoa que recebe uma herança ocupará igualmente a posição de contribuinte, no que tange ao imposto de transmissão *causa mortis* incidente sobre os bens e valores que lhe couberem da partilha.

O sujeito passivo é o **responsável**, "quando, sem revestir a condição de contribuinte, sua obrigação decorra de disposição expressa de lei" (Brasil, 1966, art. 121, § único, II).

O responsável tributário é um terceiro em relação ao proveito econômico em questão, que, normalmente, será algum tipo de renda obtida pelo trabalho, pela prestação de um serviço, ou pela fabricação ou venda de um bem. Um exemplo ajudará a contextualizá-lo, antes de qualquer outro aprofundamento. Vejamos a seguir.

Pensemos no empregado de uma empresa que, mensalmente, recebe um salário de seis mil reais. Como empregado, ele é um contribuinte obrigatório da Previdência Social para que possa, um dia, aposentar-se ou, em caso de doença ou invalidez, receber certos benefícios previdenciários. Seria pouco prático (e pouco eficiente) se, após receber o salário, ele precisasse gerar uma guia de recolhimento, pela internet, para pagar a contribuição previdenciária que incide sobre seu salário. Para piorar, muitos empregados sequer fariam o recolhimento, por preguiça ou porque iriam querer gastar esse dinheiro com outras coisas, como amortizar a dívida do cartão de crédito ou aumentar seu poder de consumo. O resultado disso seria um rombo ainda maior no caixa da Previdência Social, além de milhões de brasileiros vivendo sem a cobertura do sistema previdenciário.

Desse modo, o legislador percebeu que seria muito mais eficiente e seguro entregar a **responsabilidade** pelo recolhimento do tributo ao empregador. Este não deveria oferecer qualquer resistência em descontar o dinheiro do salário do empregado, uma vez que não é mais dono daquele dinheiro (contabilmente, já é salário). E, caso o empregador deixe de repassar a contribuição do empregado ao Fisco, ele coloca-se em situação de grande risco. Isso ocorrerá porque, como responsável, estará cometendo o crime de apropriação indébita previdenciária, conforme o art. 168-A do Código Penal Brasileiro (Brasil, 1940), submetendo-se à pena de reclusão de dois a cinco anos e multa.

Como política tributária, é, portanto, muito mais eficiente atribuir o papel de **responsável tributário** ao empregador. Daí ser chamado de *sujeito passivo indireto*.

A responsabilidade cria uma "**sujeição passiva indireta**, que normalmente decorre de um fenômeno de **transferência**, pelo qual o dever de cumprir a obrigação se desloca do contribuinte para o responsável" (Caparroz, 2021, p. 520, grifo do original).

Nesse panorama, o termo *transferência* é bem apropriado porque o verdadeiro contribuinte (o empregado assalariado) é bem conhecido e identificável. Contudo, para facilitar a fiscalização e o recolhimento pelo Fisco, o legislador atribui o ônus de efetuar o recolhimento a outra pessoa, sob pena de ela pagar multa se não o fizer, ou, até mesmo, sofrer sanções penais. A obrigação do empregador surge no âmbito de uma relação de colaboração compulsória com a Administração Pública visando simplificar, facilitar e garantir a arrecadação (Paulsen, 2022).

Ressaltamos que, mesmo no caso do exemplo dado sobre a contribuição previdenciária, as relações do trabalhador--contribuinte e do empregador-responsável com o Fisco são diversas. As hipóteses de incidência, para um e para outro, são diferentes (Paulsen, 2022). Tanto é assim que, caso o empregador não transfira a contribuição à Receita Federal, apenas ele (responsável tributário) responderá pela penalidade pecuniária.

A doutrina identifica diferentes hipóteses de responsabilidade. Entre elas, talvez, a mais relevante para o Fisco seja a **substituição tributária**, mecanismo mergulhado em controvérsias, mas que facilita as ações de cobrança e fiscalização de tributos como o ICMS.

Ela ganhou *status* constitucional com a Emenda Constitucional n. 3, de 17 de março de 1993, que acrescentou o parágrafo 7º ao art. 150 da Constituição Federal: "A lei poderá atribuir a sujeito passivo de obrigação tributária a condição de responsável pelo pagamento de imposto ou contribuição, **cujo fato gerador deva ocorrer posteriormente**, assegurada a imediata e preferencial restituição da quantia paga, caso não se realize o fato gerador presumido" (Brasil, 1993, grifo nosso).

A ideia por trás da **substituição tributária**, em sua modalidade progressiva ("para a frente"), está em atribuir a uma das empresas constituintes de uma cadeia de produção e distribuição de determinado produto o ônus de recolher, antecipadamente, o total da carga tributária das futuras operações dessa cadeia econômica (Caparroz, 2023).

Tomemos como exemplo a fabricação e a distribuição de um engradado de cerveja. Sem o fenômeno da substituição tributária, haveria o pagamento do ICMS quando o produto sai da fábrica e tendo como base de cálculo (riqueza tributada) o valor da operação. Na sequência, novos recolhimentos de ICMS ocorreriam ao passar pela distribuidora de bebidas (atacado) e pelo mercadinho (varejo), até chegar ao consumidor final. Em cada uma dessas operações, o ICMS seria cobrado sobre o valor acrescido ao produto nas etapas sucessivas. Entretanto, isso não é mais o que costuma ocorrer.

Pela substituição tributária, a seu turno, o estado presume (fato gerador presumido) que o engradado de cervejas irá passar por alguma distribuidora de bebidas, seguindo depois para estabelecimentos varejistas, antes de ser consumido. Sendo assim, a norma estadual irá atribuir à fábrica o dever de recolher antecipadamente o ICMS de todas essas operações. Uma parte do ICMS terá como base de cálculo a operação própria, de venda ao distribuidor de bebidas, enquanto a outra parte será sobre a base de cálculo presumida até a venda do bar ao consumidor final (tributação por fato futuro).

No contexto da substituição tributária, persistindo com o exemplo dado, a fábrica assume o papel de **substituto tributário** e o mercadinho do bairro será o **substituído**.

Tal modelo tende a ser utilizado em situações de tributação multifásica, marcadas por operações sucessivas que têm início na fabricação ou na importação. Nesse contexto, também se nota uma preferência, pelo legislador, em usar esse instrumento nas operações envolvendo produtos de consumo destrutível (bebidas, perfumes, alimentos enlatados etc.) ou de elevado valor agregado (televisores, por exemplo). É muito confortável para o fisco, visto que poupa os órgãos de fiscalização de agir junto aos bares e pequenos comércios. Para o estado, esse modelo também permite antecipar o recebimento do tributo, já que ele é cobrado da fábrica ou do importador, antecipando as incidências posteriores.

Por fim, é importante referir que não se considera sujeito passivo o consumidor que efetivamente suporta o ônus econômico da tributação, como é o caso do ICMS. Ele nunca poderá ser cobrado pelo Fisco no caso de inadimplemento. Embora o comerciante repasse ao consumidor esse peso financeiro, em razão das características peculiares desse imposto, o responsável pelo pagamento continua sendo o empresário que efetuou a venda.

Outro aspecto importante, relativo à sujeição passiva, decorre do art. 123 do CTN, que assim dispõe: "Salvo disposições de lei em contrário, as convenções particulares, relativas à responsabilidade pelo pagamento de tributos, não podem ser opostas à Fazenda Pública, para modificar a definição legal do sujeito passivo das obrigações tributárias correspondentes".

Isso significa, por exemplo, que o fato de muitos contratos de locação atribuírem ao locatário o dever de recolher o IPTU, isso não faz dele o contribuinte do tributo em nenhuma hipótese e para nenhum efeito. Consequentemente, se o locatário não paga, ele não pode ser cobrado pelo Fisco, visto que ele apenas descumpriu uma cláusula contratual com o locador (verdadeiro e único contribuinte). Por outro lado, se ocorrer um pagamento a maior do IPTU, apenas o proprietário do imóvel terá legitimidade para requerer a devolução do valor ("repetição do indébito").

No que tange ao **sujeito passivo da obrigação tributária acessória**, sua figura não se confunde com aquele que tem a obrigação de recolher determinado tributo. Frequentemente, esse sujeito passivo não tem qualquer relação com aquele que, normalmente, recolherá a exação. Diferentes pessoas, como um caminhoneiro ou um contador, podem vir a ser obrigados pela norma a realizar certos comportamentos hábeis a colaborar com a fiscalização e a cobrança de tributos. Isso, entretanto, não faz deles sujeitos passivos da obrigação principal.

— 5.5.3 —
Solidariedade

O instituto da solidariedade também se insere no tema da sujeição passiva. Contudo, merece ser tratado separadamente, em virtude de suas peculiaridades.

O direito civil preocupa-se em disciplinar a solidariedade, pois ela não é incomum quando estudamos, por exemplo, os contratos e a responsabilidade civil. Segundo o art. 264 da Lei n. 10.406, de 10 janeiro de 2002 – Código Civil: "Há solidariedade, quando na mesma obrigação concorre mais de um credor, ou mais de um devedor, cada um com direito, ou obrigado, à dívida toda" (Brasil, 2002).

O art. 275 do Código Civil, a seu turno, determina:

> Art. 275. O credor tem direito a exigir e receber de um ou de alguns dos devedores, parcial ou totalmente, a dívida comum; se o pagamento tiver sido parcial, todos os demais devedores continuam obrigados solidariamente pelo resto.

Parágrafo único. Não importará renúncia da solidariedade a propositura de ação pelo credor contra um ou alguns dos devedores. (Brasil, 2002)

Do ponto de vista do interesse do credor, que é o que realmente importa para o direito tributário, a solidariedade aumenta a facilidade quando da cobrança forçada da obrigação. Havendo mais de um devedor, o Fisco poderá cobrar a totalidade do tributo de qualquer um deles. Em outras palavras, a lei atribui a cada um dos responsáveis a responsabilidade por toda a obrigação tributária.

O CTN, em seu art. 124, estabelece as pessoas solidariamente obrigadas, a saber:

Art. 124. São solidariamente obrigadas:

I – as pessoas que tenham interesse comum na situação que constitua o fato gerador da obrigação principal;

II – as pessoas expressamente designadas por lei. (Brasil, 1966)

O inciso I do art. 124 trata da **solidariedade natural** e tem como exemplo dois irmãos que se veem coproprietários de um pedaço de terra sobre o qual ambos exercem atos de propriedade sobre todo o bem, simultaneamente (*pro indiviso*). Assim, ambos podem ser demandados, isoladamente, pelo pagamento da totalidade do ITR (Coêlho, 2020).

Como é uma norma de ordem pública, qualquer acordo que tenha sido feito entre os irmãos para o pagamento do tributo não poderá ser oposto ao Fisco no instante da cobrança.

O inciso II do mesmo artigo trata da **solidariedade legal**, envolvendo pessoas expressamente designadas pela lei, ainda que não tenham qualquer interesse comum relacionado ao fato gerador. Assim, por exemplo, um sócio-gerente de uma empresa, que tenha violado a lei tributária (CTN, art. 135), poderá responder com seus próprios bens, em solidariedade com a empresa, no caso de uma execução fiscal. Por essa razão, é tão importante que, na constituição de uma pessoa jurídica, apenas assumam a função de sócio-administrador aqueles que, realmente, pretendem participar assiduamente da gerência da empresa, inclusive, acompanhando a lisura contábil e tributária, pois não são raros os casos de sócios que têm seu patrimônio pessoal arruinado por execuções fiscais, sem nunca terem sido mais do que administradores "no papel" (para usar uma expressão popular).

Sobre essa temática, é importante ter em mente o seguinte julgado do Superior Tribunal de Justiça (STJ) nos Embargos de divergência em Recurso Especial (EREsp) n. 374.139/RS:

> pacífica a jurisprudência do STJ no sentido de que a simples falta de pagamento do tributo não configura, por si só, nem em tese, circunstância que acarreta a responsabilidade subsidiária do sócio, prevista no art. 135 do CTN. É indispensável, para tanto, que tenha agido com excesso de poderes ou infração à lei, ao contrato social ou ao estatuto da empresa. (STJ, 2005)

Havendo solidariedade, o parágrafo único do art. 124 do CTN veda o chamado *benefício de ordem* quando da cobrança do tributo. O benefício de ordem, presente no direito civil, ocorre quando:

> um codevedor tem o direito de requerer sejam excutidos, em primeiro lugar, os bens do chamado devedor principal; os seus bens somente serão excutidos se, para saldar a dívida, são inexistentes ou insuficientes os bens do principal devedor. (Coêlho, 2020, p. 452)

Isso não pode ocorrer no sistema do CTN, no qual se busca facilitar as ações do Fisco na satisfação de seu crédito. Desse modo, "o Fisco escolhe o devedor mais solvente a seu bel-prazer e conveniência. [...] A satisfação do crédito tributário prevalece em favor dos entes tributantes" (Coêlho, 2022, p. 482).

O art. 125 do CTN apresenta também alguns efeitos importantes da solidariedade, a saber:

1. Se um dos devedores pagar o tributo, seu pagamento beneficiará os demais obrigados, extinguindo o crédito tributário em favor de todos.
2. Havendo isenção ou remissão do crédito por parte do Fisco, esse ato beneficiará todos os devedores. Exceto se outorgada a apenas um deles, por uma questão específica, relacionada

àquele contribuinte. Nesse caso, permanecerá a solidariedade em relação aos demais obrigados, mas apenas pelo saldo restante.

3. Conforme o inciso III do art. 125, "a interrupção da prescrição, em favor ou contra um dos obrigados, favorece ou prejudica aos demais" (Brasil, 1966). Assim, por exemplo, se existem três contribuintes e o Fisco consegue citar apenas um no curso de uma execução fiscal, a interrupção do prazo prescricional atingirá a todos. Essa hipótese é bastante comum no caso de solidariedade entre uma pessoa jurídica e seu diretor, gerente ou representante legal. A citação da pessoa jurídica atinge os responsáveis solidários no sentido de impedir o curso do prazo prescricional em favor dos demais devedores.

— 5.5.4 —
Base de cálculo

Junto da alíquota, a base de cálculo é um dos **aspectos quantitativos do fato gerador**. Isso porque, após a verificação da ocorrência do fato gerador, é necessário saber quanto o contribuinte tem de pagar.

Antes de chegarmos ao montante do tributo devido, é preciso saber o que está sendo levado em conta para o cálculo do tributo. No caso dos **impostos** e de algumas **contribuições especiais**, geralmente, é uma grandeza que manifesta algum tipo de riqueza que está disponível para o contribuinte (automóvel, imóvel, herança etc.) ou circulando dentro da sociedade (salário, renda, prestação de serviço, mercadoria, produto importado etc.). O Estado, então, atribuirá um valor para essa riqueza.

Caparroz (2023, p. 237) define, genericamente, a base de cálculo como:

> a expressão econômica de um fato jurídico, vale dizer, o valor que servirá de referência para a apuração do tributo (pode ser o valor da venda, do salário, do rendimento ou de qualquer outra grandeza econômica prevista em lei).

Mazza (2022, p. 82), ao se referir, especificamente, à base de cálculo dos impostos, afirma que ela "deverá sempre ser um valor (e não um custo) desvinculado de qualquer atividade estatal relativa ao contribuinte".

Assim, por exemplo, imaginemos um modelo hipotético de automóvel: o Verda Stelo XRT, fabricado há dois anos. Existem vários automóveis desse modelo circulando pelo Estado do Paraná. Eles, porém, não têm o mesmo valor de venda porque existe aquele que está em estado de novo, com apenas dois mil quilômetros rodados, assim como há, no outro extremo, um com a lateral toda arranhada e 80 mil quilômetros rodados. O Estado do Paraná não sabe, no entanto, desses detalhes, nem deve se preocupar em saber. Ele arbitrará um valor para esse modelo/ano, para efeito de base de cálculo do tributo, ou seja, para levar em conta como valor do patrimônio do contribuinte.

Por uma questão de justiça, os estados costumam levar em conta a tabela da Fundação Instituto de Pesquisas Econômicas (Fipe). Ela aponta, para cada modelo e ano, os valores médios dos veículos anunciados para venda. É sobre esse valor, ou outra base de cálculo que venha a ser atribuída pela legislação de Imposto sobre Propriedades de Veículos Automotores (IPVA) de cada estado, que incidirá a alíquota para o cálculo do tributo a ser pago. Sobre o conceito de alíquota, reportamo-nos à próxima seção deste capítulo.

Outro exemplo é base de cálculo do ICMS, que, em linhas gerais, é o valor da operação no momento da saída da mercadoria ou o preço atribuído ao serviço, nas hipóteses de comunicação, transporte interestadual e transporte intermunicipal.

A lei que cria um tributo precisa, necessariamente, descrever a base de cálculo que será usada, tendo em conta a realidade econômica que será objeto da exação. Da mesma forma, a base de cálculo deve ser compatível com a hipótese de incidência prevista na Constituição Federal, no ponto em que esta definiu a competência para determinado tributo.

Machado (2009) ainda alerta da importância da base de cálculo para aferir se o tributo criado, efetivamente, respeita a competência constitucional. Assim, por exemplo, se a Constituição prevê um imposto sobre a renda em favor da União Federal, haverá inconstitucionalidade se a base de cálculo prevista na lei que o instituiu for relativa ao patrimônio do contribuinte.

É preciso ter atenção com a base de cálculo dos tributos vinculados: taxa e contribuição de melhoria. No caso da taxa, o custo da atividade exercida pelo Estado é um fator a ser levado em conta. O art. 145, parágrafo 2º, da CF dispõe que "as taxas não poderão ter base de cálculo **própria** de impostos" (Brasil, 1988b, grifo nosso).

Assim, conforme exemplificado por Schoueri (2022), se a autoridade sanitária vai fiscalizar um lote de algumas latas de caviar e outro lote de algumas toneladas de banha de porco, o valor mais elevado da carga de caviar não pode ser usado como parâmetro para o cálculo da taxa de fiscalização. Se assim fosse, a base de cálculo seria típica de um imposto.

A base de cálculo precisa considerar o custo da atividade estatal, que, talvez, seja mais elevado no caso das toneladas de banha de porco.

No caso da contribuição de melhoria, Sabbag (2021, p. 71) entende que a base de cálculo é "o *quantum* de valorização acrescido ao imóvel em função da obra pública realizada pela Administração".

— 5.5.5 —
Alíquota

Caparroz (2023, p. 237) define a alíquota como "a parcela da base de cálculo que deverá ser transferida ao Estado".

Para muitos leigos, a alíquota de um tributo é o percentual que incidirá sobre a base de cálculo, ajudando a determinar o quanto terá de ser pago pelo contribuinte ao Fisco. Assim, por exemplo, se um automóvel foi avaliado pelo Fisco em 100 mil reais, essa seria a base de cálculo. E, se a alíquota do IPVA desse estado for de 4%, o contribuinte terá de desembolsar 4 mil reais para pagar esse tributo. Afinal, 4% de 100 mil é 4 mil.

Essa visão não está exatamente errada e segue sendo um bom exemplo de alíquota. Porém, ela apresenta apenas um tipo de alíquota aos olhos do direito tributário. É a chamada *alíquota ad valorem*, o que significa dizer que, sobre a base de cálculo (sobre o valor objeto do tributo), incidirá um percentual. É a modalidade mais trivial de alíquota.

No tocante ao imposto de importação, é bastante comum que seja adotada a alíquota *ad valorem*, de maneira individualizada para cada tipo de produto. Machado Segundo (2022, p. 280) explica que essa individualização é necessária "considerando-se a conjuntura econômica ligada à sua produção, ao seu preço e ao seu consumo no mercado interno". Nesse caso, a variação da alíquota não ocorre apenas no interesse do montante da arrecadação, mas também no interesse da extrafiscalidade, visando estimular, ou não, a entrada de certos produtos, para o bem da atividade econômica.

Outra modalidade de alíquota é a **alíquota específica**, em cujo sistema não são levados em conta o valor do bem ou da operação. O que se considera, nessa modalidade, é ou a quantidade, ou o peso, ou o volume sobre o qual incidirá um valor fixo expresso em reais. Assim, por exemplo, a alíquota será um valor predefinido incidente sobre o metro cúbico do gás de cozinha, ou sobre a tonelada de soja, ou sobre uma garrafa de bebida alcóolica.

A razão de ser desse sistema é que o valor arrecadado pelo Fisco não se altera em função das oscilações do preço do produto no mercado. Ele é especialmente útil para as *commodities* (petróleo, gás, café, soja, minério de ferro etc.), cujos preços diariamente são alterados pelas bolsas de valores, o que poderia gerar dificuldades para a própria fiscalização, caso se usasse a alíquota *ad valorem*.

Mesmo que o contribuinte tente enganar o Fisco, declarando a realização da operação em um dia em que o preço da soja estava mais baixo, o tributo que ele terá de recolher é exatamente o mesmo que seria pago no período de alta daquele cereal. É também benéfico para o contribuinte, que pode prever o peso do tributo em suas operações, independentemente das oscilações naturais do mercado.

Vejamos, agora, um exemplo de alíquota específica. Suponhamos que, na Bolsa de Valores, uma tonelada de minério de ferro esteja sendo vendida por US$ 5.130,10, e o tributo que incide sobre a sua comercialização tenha uma alíquota específica de 400 reais por tonelada. Caso, no decorrer do ano, o valor da tonelada do minério de ferro suba para US$ 5.350,07, o contribuinte prosseguirá recolhendo os mesmos 400 reais.

Agora, um exemplo concreto: em 2023, o governo federal, por meio da Medida Provisória n. 1.163/2023, no art. 3º, determinou que a alíquota da Contribuição para Financiamento da Seguridade Social (Cofins) incidente sobre as operações realizadas com gasolina, exceto gasolina de aviação, seria de R$ 386,16 por metro cúbico (Brasil, 2023c).

Outra classificação para as alíquotas é a que divide essa categoria entre alíquotas fixas e alíquotas variáveis.

A **alíquota fixa** não sofre qualquer alteração em função do aumento ou da redução da base de cálculo. Seria o caso de um estado que viesse a cobrar alíquota de 4% de IPVA para qualquer modelo de automóvel, independentemente de seu valor.

A **alíquota variável** é muito comum nos impostos, em razão do princípio da capacidade contributiva. Pelo mesmo motivo, também é recomendável no tocante à contribuição previdenciária[1] descontada dos salários dos trabalhadores empregados. O art. 28 da Emenda Constitucional n. 103, de 12 de novembro de 2019, estipula que:

> Art. 28. Até que lei altere as alíquotas da contribuição de que trata a Lei nº 8.212, de 24 de julho de 1991, devidas pelo segurado empregado, inclusive o doméstico, e pelo trabalhador avulso, estas serão de:
>
> I – até 1 (um) salário-mínimo, **7,5%** (sete inteiros e cinco décimos por cento);
>
> II – acima de 1 (um) salário-mínimo até R$ 2.000,00 (dois mil reais), **9%** (nove por cento);
>
> III – de R$ 2.000,01 (dois mil reais e um centavo) até R$ 3.000,00 (três mil reais), **12%** (doze por cento); e
>
> IV – de R$ 3.000,01 (três mil reais e um centavo) até o limite do salário de contribuição, **14%** (quatorze por cento). (Brasil, 2019a, grifo nosso)

---

1 Mesmo não sendo um imposto.

Diferentemente do que acontece com a tributação de um automóvel, cuja posse podemos escolher ter ou não ter (e, com isso, escapar totalmente da tributação), no caso do salário, qualquer alíquota de contribuição previdenciária incidente sobre um salário mínimo que uma pessoa recebe lhe fará falta. Já uma pessoa que receba o equivalente a 40 salários mínimos por mês, entretanto, não deixará de ter uma vida confortável por pagar 14% de contribuição incidente sobre o limite do salário de contribuição, que, em 2023, era de R$ 7.507,49, ressaltando que quem ganhava mais do que isso (em 2023) pagava apenas 14% sobre R$ 7.507,49.

No caso do IR da pessoa física, sujeito de maneira mais incisiva ao princípio da capacidade contributiva, teremos as pessoas com menor renda simplesmente isentas do pagamento do tributo. Depois, em função do aumento da renda tributável, em faixas determinadas pela legislação, as alíquotas se apresentam progressivas: 7,5%, 15%, 22,5% e 27,5%.

Nos impostos indiretos, cujo valor do tributo é transferido pelo empresário (contribuinte) ao consumidor final, a aplicação do princípio da capacidade contributiva é mais complexa, como já vimos. Nesse caso, os estados fixarão diferentes alíquotas de ICMS para diferentes produtos, em função da essencialidade das mercadorias e dos serviços, buscando atribuir alíquotas mais elevadas para os produtos supérfluos e para os nocivos à saúde, como os cigarros.

Capítulo 6

Lançamento e crédito tributário

Em capítulo anterior, vimos como a realização do fato gerador leva ao surgimento da obrigação tributária. Contudo, já afirmamos também que a mera existência da obrigação tributária não é o suficiente para que haja, em favor da Fazenda, um crédito exigível. Aliás, dependendo da situação e do tributo envolvido, talvez nem seja possível ao contribuinte pagar voluntariamente o que seria devido.

Em virtude dessas constatações, neste capítulo, estudaremos o lançamento tributário, o crédito tributário e as hipóteses de sua suspensão.

— 6.1 —

Lançamento

O nascimento da obrigação tributária principal resultará em um dever de pagar, por parte do contribuinte. Contudo, ao contrário do que podemos pensar à primeira vista, o surgimento da obrigação não a torna, necessariamente, exigível por parte do Fisco. Em muitos casos, inclusive, o sujeito ativo não tem como, ainda, conhecer as circunstâncias em que ocorreu o fato gerador, nem tampouco qual o montante que deverá ser recebido (Schoueri, 2022).

A melhor forma de compreender o papel que a lei empresta ao lançamento é por meio de um exemplo bem simples. Todo início de ano, milhões de contribuintes ficam apreensivos, pois sabem que a festa de Réveillon também marca o surgimento de obrigações tributárias relacionadas ao Imposto Predial e Territorial Urbano (IPTU) e ao Imposto sobre Propriedades de Veículos Automotores (IPVA), entretanto não sabem, ainda, o valor a ser pago. Mesmo que o contribuinte vá à sede da Receita estadual para tentar adiantar o pagamento do IPVA, isso não será possível. A passagem de um ano para o outro, no entanto, já marcou o nascimento da obrigação tributária.

Ocorre, entretanto, que, para que a obrigação se transforme em um crédito exigível, o estado terá de realizar um procedimento que inclui, entre outras coisas, saber a quem pertence cada um dos veículos emplacados no estado e o valor de mercado de cada um deles por estimativa (nesse caso, na tabela da Fundação Instituto de Pesquisas Econômicas – Fipe).

Feito esse procedimento indispensável, o Fisco estadual terá condições de realizar um ato pelo qual, segundo a maioria da doutrina, teremos a constituição do crédito tributário. Esse ato é chamado de *lançamento*, conforme o art. 142 do Código Tributário Nacional (CTN) (Brasil, 1966).

Em outras palavras, a obrigação tributária nascida no dia 1º de janeiro passará a ser, pelo lançamento, um crédito exigível.

O art. 142 do CTN oferece-nos o conceito normativo do lançamento tributário. Atentemos para o trecho em destaque, a seguir:

> Art. 142. Compete privativamente à autoridade administrativa constituir o crédito tributário pelo lançamento, **assim entendido o procedimento administrativo tendente a verificar a ocorrência do fato gerador da obrigação correspondente,**

determinar a matéria tributável, calcular o montante do tributo devido, identificar o sujeito passivo e, sendo caso, propor a aplicação da penalidade cabível. (Brasil, 1966, grifo nosso)

Nessa linha, prosseguindo no exemplo do IPVA, um *software* do Fisco estadual, em algum momento após o dia primeiro de janeiro, acessará diferentes bases de dados para determinar a matéria tributável (o valor presumido do veículo), incidir sobre ela a alíquota do referido tributo, calcular o montante a pagar e identificar o proprietário (contribuinte) de cada um dos veículos registrados naquele ente da Federação. E, então, finalmente, surgirá o dever de pagarmos o IPVA até a data apontada pela legislação tributária. O lançamento confere à obrigação um *status* de liquidez e certeza.

Sobre o lançamento, Eurico Santi (2010) supõe que os redatores do CTN, ao buscarem aclarar o termo *lançamento*, tentaram diminuir os riscos de uma vagueza desse instituto, gerando um campo de utilização mal definido. Prova disso é que esse termo será visto em outros artigos do CTN, a saber: arts. 143, 144, 145, 146, 147, 148, 149, 150, 160 e 173 (Santi, 2010).

De maneira muito concisa, é preciso mencionar haver, na doutrina, um grande debate sobre se o lançamento seria um procedimento administrativo, um ato administrativo ou, ainda, um ato-norma. Muita tinta foi gasta na busca de uma solução para essa questão.

Na linha de Eurico Santi (2010), podemos dizer que uma resposta precisa, se é que ela existe, dependeria de um exame não apenas do art. 142 do CTN, mas também dos demais dispositivos desse código que fazem referência ao lançamento, para identificar se há uma coerência lógica, uma linguagem sempre inequívoca em todas as suas aparições, hábil a nos apontar um caminho.

Nem isso seria o bastante se, no plano fático, no dia a dia do trabalho do Fisco, outra fosse a conclusão. Assim, longe de buscar, aqui, uma solução definitiva para essa pergunta, a presente obra limita-se a alertar sobre a existência dessa querela.

O importante, por ora, é afirmar que, aos olhos do CTN, o lançamento faz surgir o crédito tributário (que será estudado neste e no próximo capítulo). E, no caso do IPVA, possibilitará, finalmente, que o Fisco exija do contribuinte o pagamento do tributo dentro de um prazo previamente estipulado.

Vejamos, então, o esquema a seguir, que nos mostra a cadeia de acontecimentos que se iniciaram no momento em que o legislador criou o tributo.

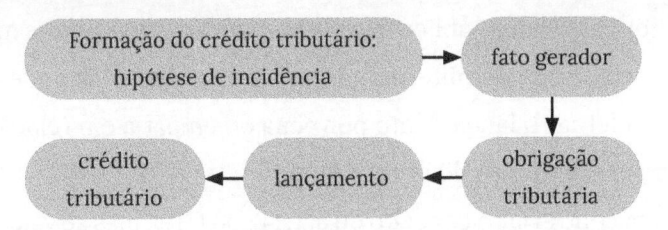

```
Formação do crédito tributário:      ──▶   fato gerador
hipótese de incidência                          │
                                                ▼
crédito       ◀──   lançamento   ◀──   obrigação
tributário                              tributária
```

O lançamento, como nos lembra Regina Helena Costa (2022), é um instituto típico do direito tributário e somente pode ser delineado por lei complementar, na forma do art. 146, inciso III, alínea "b", da Constituição Federal (Brasil, 1988b).

Cabe ressaltar que o lançamento tributário nunca é realizado pelo contribuinte. Por força do art. 142 do CTN, o lançamento é ato privativo da autoridade fiscal (Paulsen, 2022). O que o contribuinte poderá, eventualmente, é auxiliar para que o lançamento seja realizado, preenchendo a declaração do Imposto de Renda (IR), emitindo notas fiscais, confessando dívidas, realizando o pagamento sem prévio exame da autoridade administrativa, entre outros comportamentos previstos na legislação tributária.

Podemos também traçar um paralelo entre o direito tributário e o direito administrativo sobre esse ponto, uma vez que o parágrafo único do referido art. 142 do CTN assim preceitua: "A atividade administrativa de lançamento é vinculada e obrigatória, sob pena de responsabilidade funcional" (Brasil, 1966).

Isso significa que os fiscais da Receita (federal, estadual ou municipal) estão presos às normas tributárias quando realizam um lançamento, as quais devem guiá-los em todos os aspectos do ato administrativo (forma, motivação, finalidade, objeto e sujeito). O servidor público não pode impor ao contribuinte mais rigor do que a lei permite, assim como ele também não pode deixar de efetuar o lançamento por pena ou empatia em relação à situação econômica do contribuinte.

Sem contrariar o conceito do art. 142 do CTN, mas se valendo de outro ângulo de análise, Alexandre Mazza (2022, p. 433, grifo nosso) define o lançamento como "o ato administrativo unilateral, privativo do Fisco, plenamente vinculado, **declaratório da ocorrência do fato gerador e constitutivo do crédito tributário**".

Obviamente, equívocos podem ser cometidos, tanto pelo contribuinte quanto pelo Fisco, capazes de distorcer o conteúdo do lançamento tributário. Coêlho (2022, p. 530) desenvolve o seguinte raciocínio:

> O lançamento é ato. Antes dele há um procedimento preparatório. Depois dele podem ocorrer, também, procedimentos revisionais, visando a confirmar ou infirmar, no todo ou em parte, a sua integridade, por iniciativa do contribuinte ou do Estado, nos casos previstos em lei. É direito do contribuinte discutir o lançamento e o crédito, o seu quantum e outros aspectos a ele ligados. É dever do Estado não apenas acudir aos reclamos do administrado, como também [...] autocontrolar-se. O Estado deve exercer o controle da legalidade e da constitucionalidade de seus próprios atos, direitos e pretensões.

A realidade, entretanto, aponta tributos com fatos geradores muito diversos, incompatíveis com o exemplo de lançamento anteriormente descrito para o caso do IPVA. Acrescentemos a isso o grande dinamismo da atividade empresarial, que não pode aguardar por avaliações da base de cálculo por parte da autoridade fiscal. O CTN aponta, então, três modalidades de lançamento, que serão estudadas a seguir.

Antes, porém, de passarmos ao estudo dessas modalidades, cumpre fazer dois alertas.

O primeiro é que alguns autores, como Leandro Paulsen (2022), sustentam, com bons argumentos, que o lançamento não é a única forma de se constituir o crédito tributário. Um bom exemplo é o crédito tributário constituído por sentença judicial quando o magistrado, depois de reconhecer a existência de uma relação trabalhista, determina que o empregador recolha as contribuições previdenciárias respectivas.

Ainda sobre formas alternativas de constituição do crédito tributário, Paulsen (2017) afirma que o CTN é omisso quanto aos efeitos das declarações prestadas pelos contribuintes. Apesar desse silêncio, sustenta o autor que:

> Em verdade, quando o contribuinte, embora não efetuando o pagamento, reconhece formalmente o débito, ainda que com ele não concordem, através de declarações (obrigações acessórias), confissões (e.g., para a obtenção de parcelamentos) ou mesmo da realização de depósito suspensivo da exigibilidade, resta dispensado o lançamento, pois tudo o que o ato de lançamento por parte da autoridade apuraria já resta formalizado e reconhecido pelo contribuinte. (Paulsen, 2017, p. 1.175)

O Superior Tribunal de Justiça (STJ) também tem decisões, e até mesmo a Súmula n. 436 (STJ, 2010), no sentido de que o lançamento não é a única forma de constituição do crédito tributário. Essa posição será examinada oportunamente.

O segundo alerta é no sentido de que o tema é muito mais complexo do que o que foi possível apresentar na presente obra. Diferentes doutrinadores apresentarão variadas abordagens sobre o lançamento tributário. Apenas para citar um exemplo de peso, Coêlho (2022) critica duramente a afirmação segundo a qual o lançamento cria ou institui o crédito tributário. Nessa linha, Coêlho (2022, p. 528) sustenta o seguinte:

> A nós soa estranha uma tal assertiva, porque o lançamento é ato administrativo, e a Constituição diz que ninguém está obrigado a fazer ou deixar de fazer alguma coisa a não ser em virtude de lei (ato legislativo). O lançamento aplica a lei, não é lei, não podendo, pois, criar o crédito a ser pago pelos sujeitos passivos da obrigação. Não é por outra razão que o CTN, já no art. 144, dispõe que 'o lançamento reporta-se à data da ocorrência do fato gerador da obrigação e rege-se pela lei então vigente, ainda que posteriormente modificada ou revogada'.

A polêmica acerca do lançamento e de seus efeitos traz consequências práticas. No Capítulo 7, ao estudarmos a prescrição e a decadência – hipóteses apresentadas pelo CTN como de extinção do crédito tributário –, será possível percebermos que diferentes posicionamentos sobre a natureza do lançamento são capazes de gerar resultados diferentes sobre a situação da obrigação e do contribuinte perante o Fisco.

Como explica Schoueri (2022, p. 685), "afinal, para que se passe a contar um prazo prescricional, importa saber, antes, a partir de que momento há uma obrigação; do mesmo modo, a decadência (caducidade) opera antes do surgimento do crédito: quando este já existe, não há como caducar".

A perspectiva do presente livro, contudo, é a de seguir a corrente que mais se aproxima da visão dos autores do CTN e que será útil em diferentes exames, concursos públicos e instâncias administrativas e judiciais.

Vejamos, a seguir, as três modalidades de lançamento previstas no CTN.

— 6.1.1 —
Lançamento de ofício

O lançamento de ofício é o que abarca o maior número de hipóteses no CTN, o que não significa que ele seja o mais comum na vida prática.

Ele é dito *de ofício* (*ex officio*) ou *direto* (Schoueri, 2022, entre outros) porque ocorre por impulso da própria administração tributária, independentemente de qualquer comportamento por parte do administrado.

Conforme adverte Regina Helena Costa (2022, p. 266), nessa modalidade de lançamento, "a Administração dispõe de todos os elementos necessários ao lançamento do tributo. Não necessita de informação alguma do sujeito passivo".

Para melhor fixar o termo técnico, lembremos que faz parte do ofício do agente fiscal realizar o lançamento nesses casos, sem que alguém precise provocá-lo para tanto. Ou, como diz Schoueri (2021, p. 358), "o lançamento é direto quando a

Administração encarrega-se de apurar o valor do tributo e notifica o contribuinte de seu resultado, sem que, para tanto, haja alguma provocação por parte do último".

Assim dispõe o CTN sobre as hipóteses:

> Art. 149. O lançamento é efetuado e revisto de ofício pela autoridade administrativa nos seguintes casos:
>
> I – quando a lei assim o determine;
>
> II – quando a declaração não seja prestada, por quem de direito, no prazo e na forma da legislação tributária;
>
> III – quando a pessoa legalmente obrigada, embora tenha prestado declaração nos termos do inciso anterior, deixe de atender, no prazo e na forma da legislação tributária, a pedido de esclarecimento formulado pela autoridade administrativa, recuse-se a prestá-lo ou não o preste satisfatoriamente, a juízo daquela autoridade;
>
> IV – quando se comprove falsidade, erro ou omissão quanto a qualquer elemento definido na legislação tributária como sendo de declaração obrigatória;
>
> V – quando se comprove omissão ou inexatidão, por parte da pessoa legalmente obrigada, no exercício da atividade a que se refere o artigo seguinte;
>
> VI – quando se comprove ação ou omissão do sujeito passivo, ou de terceiro legalmente obrigado, que dê lugar à aplicação de penalidade pecuniária;

VII - quando se comprove que o sujeito passivo, ou terceiro em benefício daquele, agiu com dolo, fraude ou simulação;

VIII - quando deva ser apreciado fato não conhecido ou não provado por ocasião do lançamento anterior;

IX - quando se comprove que, no lançamento anterior, ocorreu fraude ou falta funcional da autoridade que o efetuou, ou omissão, pela mesma autoridade, de ato ou formalidade especial. (Brasil, 1966)

Costa (2022), entre outros autores, observa que o lançamento de ofício propriamente dito é apenas o descrito no inciso I do art. 149 do CTN: "quando a lei assim o determine". Todos os demais incisos, segundo ela,

> dizem com a revisão do lançamento, também procedida de ofício, abrangendo hipóteses de tributos originalmente sujeitos a outras modalidades de lançamento – por homologação ou misto. Desse modo, pode-se falar em duas modalidades de lançamento de ofício: originário e substitutivo, respectivamente. (Costa, 2022, p. 266)

Assim, as diferentes hipóteses do lançamento de ofício podem ser divididas em duas categorias: 1) quando a lei assim o determine e 2) quando o contribuinte descumpre a lei; as quais serão tratadas a seguir.

Quando a lei assim o determine

A primeira categoria é a **das situações ordinárias previstas em lei**, como o lançamento do IPVA, do IPTU, do Imposto Territorial Rural (ITR) e dos demais tributos cujo crédito é constituído por essa modalidade. Em outras palavras, há tributos cujo lançamento é ordinariamente realizado por iniciativa do Fisco e sem qualquer participação do contribuinte. Essa hipótese está prevista no art. 149, inciso I, do CTN (Brasil, 1966).

No caso dos impostos citados no parágrafo anterior, o lançamento de ofício se justifica pelo fato de que a sonegação é mais difícil de ocorrer. Se os imóveis estão regularizados, o município sabe da existência deles, da metragem, do valor aproximado e da titularidade. Isso vem sendo facilitado pelas fotos de satélite que identificam, por exemplo, que certos terrenos registrados como "não edificados" já contam com prédios construídos. O mesmo ocorre com o ITR e, de modo ainda mais simples e eficaz, com o IPVA.

Quando o contribuinte descumpre a lei

Quando o contribuinte vier a cometer alguma falha (Schoueri, 2022), ainda que involuntária, a autoridade fiscal deve, de ofício, realizar o lançamento. Essa situação engloba diversas hipóteses previstas nos incisos II a IX do art. 149 do CTN (Brasil, 1966).

Vejamos, a título de exemplo, a situação apontada no inciso VII do art. 149 do CTN, "quando se comprove que o sujeito passivo, ou terceiro em benefício daquele, agiu com dolo, fraude ou simulação" (Brasil, 1966). É o caso, por exemplo, de uma empresa atacadista que, ao vender 60 sacas de milho, informa uma quantidade menor, com vistas a recolher menos Imposto sobre Operações relativas à Circulação de Mercadorias e sobre Prestações de Serviços de Transporte Interestadual e Intermunicipal e de Comunicação (ICMS).

O agente do Fisco, ao tomar conhecimento do fato, deverá expedir o auto de infração, mesmo que o ICMS, em condições normais, não demande um lançamento de ofício, como se verá adiante.

Como outro exemplo, pensemos na hipótese de um advogado que recebeu dez mil reais para elaborar um parecer jurídico de interesse de uma empresa. Infelizmente, ele esqueceu de declarar ao Fisco o recebimento desse dinheiro. Posteriormente, ao cruzar informações fornecidas pela empresa com relação aos serviços fornecidos por terceiros, a autoridade fiscal descobre o pagamento em favor do advogado. O Fisco deverá efetuar um lançamento de ofício, constituindo o crédito tributário quanto ao valor devido, acrescido, agora, de multa, juros e correção monetária.

— 6.1.2 —
Lançamento por declaração (ou misto)

A modalidade de lançamento por declaração é definida pelo art. 147 do CTN da seguinte forma:

> O lançamento é efetuado com base na declaração do sujeito passivo ou de terceiro, quando um ou outro, na forma da legislação tributária, presta à autoridade administrativa informações sobre matéria de fato, indispensáveis à sua efetivação. (Brasil, 1966)

Em outras palavras, tomando por base a lição de Schoueri (2021, p. 360), temos, aqui, o seguinte:

> Trata-se do que a doutrina denomina "lançamento misto", já que, aqui, cogita-se caso em que sujeito passivo e autoridade administrativa devem agir, para que se considere o lançamento válido. Em síntese, o sujeito passivo, ou um terceiro, apresenta uma série de informações à autoridade fiscal, e esta, com base nas informações assim coletadas, efetua o lançamento tributário.

Um bom exemplo é o imposto que incide sobre as heranças, o Imposto de Transmissão Causa Mortis e Doação (ITCMD). Imaginemos que as irmãs Maria Aparecida e Rita de Cássia herdaram um apartamento do pai. O falecimento do pai desencadeou a ocorrência do fato gerador do ITCMD, que incidirá sobre o patrimônio deixado pelo *de cujus*. Para que elas possam partilhar, entre si, o imóvel herdado, elas precisarão pagar o ITCMD. Imaginando que elas farão a partilha pela via extrajudicial, o próprio cartório diligenciará para que o Fisco tome conhecimento dos fatos e possa verificar o montante do bem, aplicar a alíquota cabível e notificar as herdeiras quanto ao valor e ao prazo do tributo a recolher.

Em outras palavras, "a declaração diz respeito a fatos necessários à apuração, pelo Fisco, do crédito tributário. O contribuinte, nesses casos, cumpre seu dever de informar, mas espera a notificação quanto ao montante a ser pago" (Paulsen, 2022, p. 292).

Há situações em que o contribuinte logo percebe ter havido equívoco em sua declaração, hábil a causar um recolhimento a maior do tributo. Nesse caso, o art. 147, parágrafo 1º, do CTN autoriza a retificação da declaração "mediante comprovação do erro em que se funde, e antes de notificado o lançamento" (Brasil, 1966).

Em muitos casos, o Fisco irá presumir que a declaração do contribuinte está correta e irá realizar o cálculo do tributo a partir desses dados. Contudo, determina o art. 148 do CTN que:

> Art. 148. Quando o cálculo do tributo tenha por base, ou tome em consideração, o valor ou o preço de bens, direitos, serviços ou atos jurídicos, a autoridade lançadora, mediante processo regular, arbitrará aquele valor ou preço, sempre que sejam omissos ou não mereçam fé as declarações ou os

esclarecimentos prestados, ou os documentos expedidos pelo sujeito passivo ou pelo terceiro legalmente obrigado, ressalvada, em caso de contestação, avaliação contraditória, administrativa ou judicial. (Brasil, 1966)

Em outras palavras, imaginemos o seguinte: o contribuinte, ao importar 50 pares de luvas de couro da marca Evildea, anexou nota fiscal emitida no exterior, na qual se informa que cada par custou 40 dólares. Depois que o contribuinte preencheu a Declaração de Importação (DI), pode a Receita Federal, em consulta pela internet, verificar o preço normal daquele produto, quando fabricado e comercializado por aquela marca. Verificando que o produto, normalmente, é vendido por 200 dólares, o Fisco não está obrigado a utilizar o valor informado pelo contribuinte. A Receita Federal deverá laborar para a retificação ou a complementação da declaração. Caso o produto já tenha sido retirado pelo importador e a discrepância somente seja conhecida tempos depois, a autoridade deverá efetuar um lançamento de ofício, conforme o art. 147, parágrafo 2º, do CTN (Brasil, 1966), na forma de auto de infração.

Não é difícil notar, portanto, que o lançamento por declaração é substancialmente diferente do lançamento de ofício, descrito anteriormente para o caso do IPVA.

Atualmente, poucos tributos seguem esse sistema de lançamento que, no passado, chegou a ser usado para o IR. Ainda o encontramos em alguns tributos aduaneiros e no ITCMD (Schoueri, 2022).

No caso das doações em dinheiro, o lançamento por declaração do ITCMD não consegue impedir que haja um alto nível de sonegação desse tributo. Isso ocorre porque, raramente, os contribuintes buscam o Fisco estadual para declarar que receberam auxílio financeiro para adquirir um imóvel, pagar uma dívida etc.

Segundo Mazza (2022, p. 434), o lançamento por declaração (ou misto) "tende a ser abolido do ordenamento pátrio por não ser nem tão infalível quanto o lançamento de ofício, nem tão cômodo para o Fisco quanto como o por homologação".

— 6.1.3 —
Lançamento por homologação

O lançamento por homologação, também chamado de *autolançamento*, está previsto no art. 150 do CTN:

> Art. 150. O lançamento por homologação, que ocorre quanto aos tributos cuja legislação atribua ao sujeito passivo o dever de antecipar o pagamento sem prévio exame da autoridade administrativa, opera-se pelo ato em que a referida autoridade, tomando conhecimento da atividade assim exercida pelo obrigado, expressamente a homologa. (Brasil, 1966)

Sacha Calmon Navarro Coêlho (2022, p. 548) sumariza essa modalidade afirmando que "o lançamento por homologação existe quando a Administração expressamente concorda com a atividade do contribuinte de calcular por conta da lei o imposto devido, fazendo o seu pagamento", restando à administração tributária fiscalizar a atividade do contribuinte (Paulsen, 2022).

Atualmente, a maioria dos tributos, especialmente impostos e contribuições sociais, sujeita-se à modalidade do lançamento por homologação.

Um bom exemplo de lançamento por homologação é o que se encontra no caso do ICMS. A empresa, quando vende seus produtos, tem consciência de estar realizando o fato gerador do tributo e não aguarda qualquer ação do Fisco em relação a isso. A própria empresa apura a base de cálculo, incide a alíquota sobre ela e realiza o pagamento. Feito isso, espera que a autoridade administrativa verifique a correção de seus atos e, eventualmente, homologue-os. O lançamento, então, seria a mera homologação daquilo que o contribuinte já apurou e já pagou.

Outros exemplos de tributos sujeitos ao lançamento por homologação são o Imposto Sobre Serviços (ISS), o Imposto sobre Produtos Industrializados (IPI), a Contribuição para Financiamento da Seguridade Social (Cofins) e o Imposto de Renda (IR).

O pagamento antecipado pelo obrigado tem o poder de extinguir o crédito tributário. Esse efeito, porém, está submetido a uma condição resolutória da posterior homologação, via lançamento, por parte do Fisco (CTN, art. 150, § 1º).

Efetivamente, as ações praticadas pelo contribuinte, dificilmente, serão homologadas expressamente pela autoridade fiscal. Essa homologação não interessa ao Estado. Por conveniência, o Fisco deixa pendente sua aprovação quanto à conduta do administrado, ciente de que, eventualmente, algo poderá aparecer contra ele no futuro em relação aos atos passados.

O Fisco deixa ir escoando o prazo decadencial de que dispõe para rever as declarações e os pagamentos realizados, "de modo que possa, durante o período, fiscalizar o contribuinte quantas vezes quiser, concordando ou discordando do seu proceder" (Coêlho, 2022, p. 548).

Como, então, na prática, ocorre um lançamento por homologação? Sacha Calmon Navarro Coêlho (2022, p. 548) explica:

> nos casos em que o contribuinte faz o pagamento sem prévio exame da autoridade administrativa, dá-se um prazo de cinco anos[1] para a Fazenda homologar o pagamento expressa ou tacitamente. Dá-se, em seguida ao silêncio ou inação da Fazenda durante este tempo, o caráter de homologação tácita (o caráter de autolançamento homologado).

Dadas essas características, podemos falar em **homologação expressa** e **homologação tácita**. A primeira é mencionada ao final do art. 150 do CTN (já transcrito anteriormente), mas dificilmente ocorre. Concordando com Sacha Calmon Coêlho (2022), podemos afirmar que nunca é vista na prática. Já a homologação tácita é o que observamos, ordinariamente, no mundo real.

---

1 Nota do autor: lei complementar específica pode fixar outros prazos decadenciais. Por exemplo: 10 anos.

Uma vez que não ocorre a homologação expressa, a situação do contribuinte ficará inconclusa por algum tempo. Nesse caso, se o Fisco encontrar alguma falha do contribuinte antes do transcurso do **prazo decadencial** (que será melhor estudado no próximo capítulo), ele promoverá, contra o administrado, um lançamento *ex officio* (vide Seção 6.1.1) para a cobrança daquilo que deixou de ser pago, acrescido de multa, correção monetária e juros.

Mazza (2022) e Coêlho (2022), entre outros doutrinadores, afirmam que essa modalidade de lançamento é a que mais agrada ao Fisco. Afinal, ela atribui ao contribuinte o trabalho de verificar a ocorrência do fato gerador, calcular o montante devido, antecipar o pagamento e comunicar à autoridade. Não há dúvida de que é a mais prática e adequada às atividades do comércio, da indústria e da prestação de serviços. Isso porque, se utilizássemos os lançamentos de ofício ou por declaração para essas atividades, haveria grande burocracia e lentidão, além da demanda por uma quantidade ainda maior de servidores públicos para acompanhar esses processos.

Se é verdade que o lançamento por homologação abre brechas para a sonegação fiscal, essas brechas também ocorreriam nas outras modalidades. Por essas e outras razões é que o lançamento por homologação tornou-se o mais adotado pela legislação brasileira no que tange aos impostos e às contribuições.

Nessa linha, segundo Mazza (2022, p. 436):

> Pode-se dizer que o autolançamento tornou-se a regra geral em nosso ordenamento, pois não exige esforço algum por parte da autoridade administrativa para ser realizado, favorecendo as concepções tão em moda que exaltam um Estado mínimo.

Alguns autores, como Sacha Calmon Navarro Coêlho (2022), vislumbram uma grande incoerência no lançamento por homologação como etapa para a constituição do crédito tributário. Enquanto o lançamento definido no art. 142 do CTN constitui (cria) o crédito tributário, o lançamento por homologação declara a extinção da obrigação tributária, dado o pagamento voluntariamente realizado pelo administrado. Esse é um argumento poderoso, mas cujo desenvolvimento remetemos à leitura da obra do referido autor, especialmente Capítulo XIII, Seção 13.7, cujas informações estão nas referências finais desta obra.

Cumpre salientar que, aos olhos do STJ, embora o lançamento seja ato exclusivo do Fisco, não é a única forma de constituição do crédito tributário, no caso dos tributos passíveis de lançamento por homologação. Nesse passo, vejamos, a seguir, trechos de duas decisões desse tribunal.

A primeira, no Recurso Especial n. 281.867/SC, de relatoria do Ministro Peçanha Martins:

nos tributos lançados por homologação, a declaração do contribuinte, através da DCTF[12], elide a necessidade da constituição formal de débito pelo fisco podendo ser, em caso de não pagamento no prazo, imediatamente inscrito em dívida ativa, tornando-se exigível, independentemente de qualquer procedimento administrativo ou de notificação ao contribuinte. (STJ, 2003)

A segunda, no Recurso Especial n. 1.490.108/MG, de relatoria do Ministro Gurgel de Faria:

> Esta Corte Superior [...] consolidou o entendimento de que 'a apresentação de Declaração de Débitos e Créditos Tributários Federais, DCTF, de Guia de Informação e Apuração do ICMS, GIA, ou de outra declaração dessa natureza, prevista em lei, é modo de constituição do crédito tributário, dispensando, para isso, qualquer outra providência por parte do Fisco. (STJ, 2018)

Esse posicionamento restou consolidado pela Súmula n. 436 do STJ: "A entrega de declaração pelo contribuinte reconhecendo débito fiscal constitui o crédito tributário, dispensada qualquer outra providência por parte do fisco" (STJ, 2010).

---

2   Declaração de Débitos e Créditos Tributários Federais

— 6.2 —
Crédito tributário

Observamos, nos temas anteriores, a importância do lançamento para a constituição do crédito tributário (embora não seja a única forma de constitui-lo). Notamos, igualmente, que, nos termos do CTN, não se confunde *obrigação tributária* com *crédito tributário*. Como esclarece Schoueri (2022, p. 687), "se, no direito privado, obrigação e crédito são duas perspectivas de uma única relação jurídica, em direito tributário (ou melhor: na linguagem do Código Tributário Nacional), as expressões não se confundem".

Sobre o conceito de crédito tributário, o CTN, em seu art. 139, determina que "o crédito tributário decorre da obrigação principal e tem a mesma natureza desta" (Brasil, 1966). Com isso, quer o CTN dizer que "o crédito e a obrigação têm a mesma natureza, na medida em que integram uma única relação jurídica" (Mazza, 2022, p. 448).

Sacha Calmon Coêlho (2022, p. 528, grifo nosso), partindo desse ponto, conclui o seguinte:

> As obrigações são, por natureza, transitórias. Existem tão somente para viabilizar os intercâmbios de conteúdo econômico entre as pessoas. Assim sendo, não faria sentido algum a existência de um vinculum juris atando os polos ativo e passivo da obrigação sem a existência de **um objeto, que, no caso**

da obrigação tributária, é uma prestação pecuniária, um dar dinheiro ao Estado. A esse dinheiro o CTN denomina crédito tributário.

Para Coêlho (2022), portanto, o crédito é o próprio objeto da obrigação tributária e envolve o dinheiro a ser recolhido.

Caparroz (2021, p. 286) tem uma posição semelhante ao afirmar que "o crédito tributário é o produto da obrigação tributária principal, representado pelo valor que o sujeito passivo deverá recolher aos cofres públicos".

Para Harada e Harada (2021, p. 227):

> o crédito tributário nada mais é do que a própria obrigação tributária principal formalizada pelo lançamento, ou seja, tornada líquida e certa pelo lançamento. A obrigação tributária, como já vimos, consiste no pagamento do tributo ou da pena pecuniária. O crédito tributário outra coisa não é senão a conversão dessa obrigação líquida em líquida e certa, exigível no prazo estatuído na legislação tributária ou no documento de notificação do lançamento.

Para Mazza (2022, p. 448), que parece reescrever o art. 139 do CTN de uma forma mais simples, o "crédito tributário é o direito que o Fisco tem de exigir do devedor o cumprimento da obrigação tributária". Essa é a visão que mais se aproxima da linha de raciocínio que temos desenvolvido até aqui. Em outras palavras, é por meio da constituição do crédito tributário que a obrigação se torna exigível.

Nesse contexto, Leandro Paulsen (2022, p. 287) completa o raciocínio afirmando que o art. 142 do CTN, que trata do lançamento, aponta a intenção do legislador de que não é possível "opor o crédito tributário ao contribuinte, sem que esteja representado documentalmente, com a certeza e a liquidez daí decorrentes".

Aprofundando um pouco mais, somente a lei pode definir o fato gerador que instaura a relação jurídica entre o sujeito ativo e o sujeito passivo. O direito do sujeito ativo (Fisco) de exigir do sujeito passivo a quantia devida (crédito) e o dever desse último de realizar o objeto da obrigação estão intimamente interligados. Tanto é verdade que a extinção da obrigação tributária principal é simultânea à extinção do crédito.

A obrigação e o crédito têm, no entanto, naturezas e "vidas" diversas. Quanto a isso, determina o art. 140 do CTN: "As circunstâncias que modificam o crédito tributário, sua extensão ou seus efeitos, ou as garantias ou os privilégios a ele atribuídos, ou que excluem sua exigibilidade não afetam a obrigação tributária que lhe deu origem" (Brasil, 1966).

O que isso significa? Significa que, se o crédito tributário for anulado por um vício formal no lançamento, tal circunstância não extinguirá a obrigação tributária correspondente. Caparroz (2021, p. 286) explica:

o crédito pode sofrer inúmeras variações durante o curso de sua existência: pode ser aumentado, com a cobrança de juros e multas; pode ser reduzido, mediante a concessão de isenções ou benefícios fiscais, e pode, ainda, ter sua exigibilidade suspensa, como teremos a oportunidade de observar (com efeito, os próximos 50 artigos do Código cuidarão exclusivamente das variações, garantias e privilégios do crédito tributário). Nada disso afeta a obrigação tributária principal, que existirá enquanto o crédito existir e será extinta na medida em que este desaparecer. A obrigação tributária, que precede o crédito e com este não se confunde, é autônoma e imutável, ao passo que o crédito tributário pode ter o quantum ou a exigibilidade alterados durante o curso de sua cobrança.

No próximo capítulo, continuaremos a tratar do crédito tributário, mas sob outros ângulos.

Capítulo 7

Hipóteses de suspensão, extinção e exclusão do crédito tributário

No capítulo anterior, tratamos da constituição do crédito tributário, assim como de seu conceito e de sua natureza. Vimos que o crédito tributário "é o direito que o Fisco tem de exigir do devedor o cumprimento da obrigação tributária" (Mazza, 2022, p. 448).

Seguindo adiante, ao nos atermos nos arts. 151 a 182 do Código Tributário Nacional (CTN), percebemos a existência de circunstâncias especiais que interferem na capacidade do Fisco de exercer seu direito de cobrar tributo de um dado contribuinte (Brasil, 1966). Em alguns casos, a própria constituição do crédito tributário vê-se ameaçada ou extinta. O Código Tributário disciplina, nesses dispositivos, três hipóteses diversas, que são por ele nomeadas como causas de suspensão, de extinção e de exclusão do crédito tributário. Cada uma delas se dividindo em outras tantas categorias.

Antes de examinarmos as hipóteses de suspensão, extinção e exclusão do crédito tributário, uma advertência de caráter geral deve ser feita. Nos três casos referidos, há necessidade de previsão legal, obrigatoriamente pela via de lei complementar, por força do art. 146, inciso III, alínea "b", da Constituição Federal (CF) (Brasil, 1988b). Qualquer ato administrativo tendente a criar hipóteses de suspensão, extinção ou exclusão do crédito tributário poderá resultar em responsabilidade funcional do agente público, conforme o art. 141 do CTN (Brasil, 1966), passível de ser enquadrado como improbidade administrativa, conforme art. 10 da Lei n. 8.429, de 2 de junho de 1992 (Brasil, 1992).

Dito isso, passemos ao estudo da suspensão do crédito tributário.

— 7.1 —
Suspensão do crédito tributário

O crédito tributário goza de uma série de garantias e privilégios que serão estudados no último capítulo. Tudo visando à obtenção dos recursos financeiros que permitirão a satisfação do interesse público. Por exemplo, como esclarece Schoueri (2022, p. 717):

> uma vez encerrada a atividade administrativa de lançamento, o contribuinte pode contestá-la ou não. Não a contestando ou, mesmo o fazendo, sendo julgada improcedente sua impugnação em última instância, o crédito estará pronto para ser exigido pelo Fisco. Esse crédito é, então, inscrito na dívida ativa, i.e, o Fisco o inclui entre seus créditos líquidos e certos. O crédito inscrito na dívida ativa pode ser imediatamente executado em juízo, por meio de um processo denominado execução fiscal.

Contudo, existem situações em que o legislador entendeu ser necessário suspender sua exigibilidade. Essa suspensão poderá ser apenas momentânea, enquanto o contribuinte, por exemplo, discute o montante do crédito ou realiza seu parcelamento. Também poderá mudar de natureza, levando à própria extinção da dívida, caso, ao final de um procedimento administrativo ou judicial, seja reconhecido o não cabimento da exação.

Até que a decisão final não venha, poderá o Fisco ser obrigado a interromper a cobrança. É sobre hipóteses como essa que tratam os incisos do art. 151 do CTN. Dispõe o referido dispositivo:

> Art. 151. Suspendem a exigibilidade do crédito tributário:
>
> I – moratória;
>
> II – o depósito do seu montante integral;
>
> III – as reclamações e os recursos, nos termos das leis reguladoras do processo tributário administrativo;
>
> IV – a concessão de medida liminar em mandado de segurança.
>
> V – a concessão de medida liminar ou de tutela antecipada, em outras espécies de ação judicial;
>
> VI – o parcelamento. (Brasil, 1966)

Regina Helena Costa (2022, p. 273) ressalta que as hipóteses de suspensão exigem o estudo "de aspectos administrativos e, especialmente, processuais, porquanto a maior parte das hipóteses supõe a existência de litígio entre o Fisco e o sujeito passivo".

Outro aspecto a notar da lista do art. 151 é que ela é taxativa. Ainda assim, tendo em vista que muitos tributos brasileiros são constituídos pelo método do lançamento por homologação, a doutrina tende a reconhecer que existem situações em que a suspensão da exigibilidade terá efeitos ainda antes do lançamento, alcançando a obrigação em si (Schoueri, 2022).

Paulsen (2022) divide as hipóteses de suspensão do crédito tributário entre três eixos, a saber:

1. Hipóteses em que se concedeu ao contribuinte novo prazo para pagamento do tributo ou da penalidade, "seja por força de moratória ou de parcelamento concedido ao contribuinte" (Paulsen, 2022, p. 297). Esses casos estão previstos nos incisos I e VI do art. 151 do CTN.
2. O crédito tributário ainda está sendo discutido pelo contribuinte. Essa controvérsia pode ser na esfera administrativa, ou pode ter gerado a suspensão do crédito via decisão judicial, conforme incisos III, IV e V do art. 151 do CTN.
3. O contribuinte optou por suspender o crédito via depósito em dinheiro (inciso II do art. 151 do CTN).

Caparroz (2021, p. 308), aplicando outra perspectiva sobre as situações apontadas pelo art. 151 do CTN, identificou duas espécies de situações: "aquelas em que o sujeito passivo está atrasado em relação ao pagamento e outras em que se discute a própria exigibilidade do crédito".

Tendo esses aspectos em mente, passemos ao exame dos diferentes casos.

— 7.1.1 —
Moratória

A moratória é a dilação do prazo para o pagamento de um tributo, concedida por uma lei ordinária. Pode servir, por exemplo, para amenizar os efeitos de uma catástrofe ou crise econômica sobre uma parcela da população, como dilatar o pagamento do

Imposto sobre Operações relativas à Circulação de Mercadorias e sobre Prestações de Serviços de Transporte Interestadual e Intermunicipal e de Comunicação (ICMS) em favor de certas empresas atingidas pela pandemia de covid-19.

Se a moratória é concedida a uma parcela da população, claramente disciplinada pela lei, sem que a autoridade fiscal possa fazer qualquer juízo de valor, dizemos que é uma moratória geral. Se, no entanto, a lei que instituiu a moratória determinar que a autoridade fiscal tem competência para examinar cada caso, deferindo o benefício por despacho administrativo, teremos uma moratória individual (Sabbag, 2021).

Como bem lembra Sabbag (2021, p. 196), "até a LC n. 104/2001, que introduziu o parcelamento como causa de suspensão do crédito tributário, a moratória acabava sendo a forma mais comum de parcelamento do crédito tributário". E, de fato, os tribunais equiparavam os parcelamentos então deferidos (antes de 2001) aos efeitos obtidos com uma moratória.

— 7.1.2 —
Parcelamento

O parcelamento foi acrescentado ao art. 151 do CTN muito tardiamente, pela Lei Complementar n. 104, de 10 de janeiro de 2001 (Brasil, 2001). O instituto, em si, já existia, mas era tratado como uma espécie de transação entre o Fisco e o particular.

Isso colocava o parcelamento, de forma equivocada, entre as formas de extinção do crédito. Essa classificação gerava constantes contradições, dado que muitos contribuintes, ao final, não realizavam o pagamento de todas as parcelas. Em havendo parcelamento, o que leva à extinção do crédito é apenas o total pagamento das parcelas acordadas.

O parcelamento de tributos em aberto não é um direito subjetivo dos contribuintes que possa ser requerido apenas com base no CTN. Ele sempre dependerá de uma norma específica, emanada pelo mesmo ente político que havia criado o tributo em questão. Essa norma apontará as regras de adesão do devedor, bem como os prazos e o número máximo de prestações (Mazza, 2022).

Em regra, o parcelamento do crédito tributário não dispensa o contribuinte do pagamento de juros e multas. Aplicam-se, subsidiariamente, ao parcelamento, as disposições do CTN relativas à moratória (art. 155-A, § 2º).

Caparroz (2021, p. 308) esclarece que, tanto na moratória quanto no parcelamento, "o sujeito passivo, em regra, já deve o tributo e o que se discute é a possibilidade de postergação do pagamento dos montantes em atraso".

A adesão ao parcelamento também tem como consequência interromper a prescrição em favor do Fisco, visto ser uma forma de reconhecimento da dívida por parte do sujeito passivo.

— 7.1.3 —
Depósito do montante integral

No passado, os Fiscos das diferentes unidades da Federação exigiam do contribuinte o depósito integral do tributo em discussão, como condição para o recebimento de recurso administrativo contra cobranças indevidas. Isso inviabilizava a defesa do contribuinte em muitas hipóteses, dada a ausência de recursos para cumprir a exigência. Pouco a pouco, diferentes tribunais foram se manifestando contra essa prática, o que deu ensejo à Súmula Vinculante n. 21 do Supremo Tribunal Federal (STF), que estatui: "É inconstitucional a exigência de depósito ou arrolamento prévios de dinheiro ou bens para admissibilidade de recurso administrativo" (STF, 2009).

Todavia, pode ser que o depósito da quantia reclamada pelo Fisco seja do interesse do contribuinte. Isso ocorre, por exemplo, quando se esgotaram as defesas administrativas e o contribuinte pretende transferir o debate para a esfera judicial. Assim, se "o sujeito passivo efetuar o depósito integral do montante exigido, poderá discutir o débito mediante uma ação visando à anulação do crédito, ficando impedida a execução, conforme o artigo 38 da Lei n. 6.830/80" (Schoueri, 2022, p. 717).

Ainda sobre esse tópico, há situações em que sequer houve o procedimento de lançamento, mas o contribuinte decide antecipar a discussão, já sabendo que sua atividade poderá ser tributada por equívoco. Caso ele opte por levar a controvérsia ao Judiciário, "pode o sujeito passivo pleitear o direito de depositar o valor exigido à ordem do Juízo. Feito o depósito, a exigibilidade estará suspensa, independentemente de outra ordem do juiz" (Schoueri, 2022, p. 717).

— 7.1.4 —
Reclamações e recursos administrativos

Prosseguindo no estudo das hipóteses de suspensão do crédito tributário, cumpre referir que adequada resistência do contribuinte na esfera administrativa suspende o crédito.

O Decreto n. 7.574, de 29 de setembro de 2011, é o diploma normativo que regulamenta, na esfera federal, o sistema administrativo de impugnação das exigências fiscais (Brasil, 2011a). Desse modo, havendo uma exigência fiscal que o contribuinte entende ser indevida, ele pode **impugná-la** no prazo de 30 dias, na Secretaria da Receita Federal. Essa impugnação suspenderá qualquer trâmite do Fisco com vistas à satisfação do crédito.

Caso o contribuinte seja derrotado nessa primeira instância, ele "pode interpor recurso voluntário com efeito suspensivo ao Conselho Administrativo e Recursos Fiscais – Carf (art. 79 do Decreto n. 7.574/2011)" (Mazza, 2022, p. 451).

Havendo nova derrota, é possível interpor, dadas certas condições, recurso especial na Câmara Superior de Recursos Fiscais, no prazo de 15 dias, também com efeito suspensivo. Interessante ressaltar que "se a decisão final for favorável ao devedor, torna-se imutável para o Fisco. Porém, derrotado o sujeito passivo, ainda poderá este recorrer ao Poder Judiciário" (Mazza, 2022, p. 451).

Outros entes da Federação terão sua própria legislação sobre o tema, mas, por força do art. 151, inciso III, do CTN, também terão que conceder o efeito suspensivo.

— 7.1.5 —
Concessão de medida liminar em mandado de segurança

Na área tributária, é muito comum a impetração de mandado de segurança contra autoridades fiscais para impedir, por exemplo, o início da execução fiscal. Nesses casos, o crédito tributário poderá ser suspenso liminarmente, caso o juiz reconheça a fumaça do bom direito e o perigo que a demora da decisão judicial definitiva pode causar ao contribuinte (*fumus boni juris* e *periculum in mora*).

Sobre a temática, Sacha Calmon Coêlho (2022, p. 560) aponta dois aspectos interessantes:

> 1) Em matéria tributária, o mandado de segurança, em razão do princípio da legalidade e da hierarquia administrativa, pode sempre ser impetrado preventivamente, bastando a existência de lei ou ato normativo contrários ao Direito (sem significar impetração contra a lei em tese)". 2) "Para a concessão de liminares em mandados de segurança, não se faz necessário segurar o juízo, depositando o objeto do litígio, bastando a existência do fumus boni juris e do periculum in mora. Pode, no entanto, o juiz, em certas circunstâncias, exigir que o impetrante preste caução (contracautela).

Caso a liminar seja derrubada (pelo próprio juiz ou por alguma instância recursal), os atos administrativos retomam seu curso, devendo o contribuinte suportar as consequências.

Mazza (2022, p. 452) ressalta, com razão, que, de acordo com jurisprudência, consolidada a concessão da liminar no mandado de segurança (bem como de uma tutela antecipada), "suspende a cobrança, mas não impede o Fisco de realizar o lançamento visando prevenir a decadência, hipótese em que a Fazenda Pública deve aguardar o desfecho da ação para fazer a cobrança".

Desde 2001, por força da adição do inciso V ao art. 151 do CTN, também se pode obter o mesmo efeito por decisão proferida em outros tipos de ações judiciais (Brasil, 1966). Referimo-nos às "liminares concedidas em ações cautelares, bem como as decisões em antecipação de tutela nas demais ações tributárias e nos recursos cíveis" (Mazza, 2022, p. 452).

— 7.1.6 —
Parcelamento

Como dito anteriormente, o parcelamento não constava como hipótese de suspensão do crédito tributário até o advento da Lei Complementar n. 104/2001 (Brasil, 2001), já era, entretanto, reconhecido pela jurisprudência que equiparava o parcelamento a uma espécie de moratória. A referida lei complementar, além de acrescentar o inciso VI ao art. 151 do CTN, também criou o art. 155-A, que assim dispõe:

Art. 155-A. O parcelamento será concedido na forma e condição estabelecidas em lei específica.

§ 1º Salvo disposição de lei em contrário, o parcelamento do crédito tributário não exclui a incidência de juros e multas.

§ 2º Aplicam-se, subsidiariamente, ao parcelamento as disposições desta Lei, relativas à moratória.

§ 3º Lei específica disporá sobre as condições de parcelamento dos créditos tributários do devedor em recuperação judicial.

§ 4º A inexistência da lei específica a que se refere o § 3o deste artigo importa na aplicação das leis gerais de parcelamento do ente da Federação ao devedor em recuperação judicial, não podendo, neste caso, ser o prazo de parcelamento inferior ao concedido pela lei federal específica. (Brasil, 1966)

A concessão do parcelamento depende de lei específica do ente político competente para a criação do tributo, na qual serão estabelecidas as regras de adesão do devedor, bem como os prazos e o número máximo de prestações (Mazza, 2022).

— 7.2 —
Extinção do crédito tributário

A obrigação tributária não pode perdurar eternamente. Como então ela será satisfeita ou, de algum outro modo, extinta? O pagamento do tributo é a hipótese mais óbvia. O legislador brasileiro, porém, previu outras situações que geram igual efeito. Nesta seção, vamos examinar a extinção do crédito tributário.

De início, há que se lançar um olhar sobre o art. 156 do CTN, a seguir:

> Art. 156. Extinguem o crédito tributário:
>
> I – o pagamento;
>
> II – a compensação;
>
> III – a transação;
>
> IV – remissão;
>
> V – a prescrição e a decadência;
>
> VI – a conversão de depósito em renda;
>
> VII – o pagamento antecipado e a homologação do lançamento nos termos do disposto no artigo 150 e seus §§ 1º e 4º;
>
> VIII – a consignação em pagamento, nos termos do disposto no § 2º do artigo 164;
>
> IX – a decisão administrativa irreformável, assim entendida a definitiva na órbita administrativa, que não mais possa ser objeto de ação anulatória;
>
> X – a decisão judicial passada em julgado.
>
> XI – a dação em pagamento em bens imóveis, na forma e condições estabelecidas em lei. (Incluído pela LCP n. 104, de 2001) (Vide Lei n. 13.259, de 2016). (Brasil, 1966)

Esses 11 incisos podem ser sistematizados e classificados, segundo Paulsen (2022), em quatro categorias, a saber:

1. o crédito pode ser extinto pela satisfação da obrigação com o Fisco, mediante pagamento, compensação, conversão em renda de valores depositados ou consignados ou dação em pagamento de bens imóveis na forma e condições estabelecidas por lei (incisos I, II, VI, VII, VIII e XI), ainda que mediante transação (inciso III);
2. pela desconstituição do crédito advinda de uma decisão administrativa ou judicial em favor do contribuinte (incisos IX e X);
3. pelo perdão (inciso IV: remissão);
4. pelo decurso de tempo, gerando a preclusão do direito do Fisco de lançar ou de cobrar o crédito judicialmente (inciso V: decadência e prescrição).

Todas essas situações, ainda que sucintamente, serão examinadas nas seções a seguir.

— 7.2.1 —
Pagamento

Como regra geral, a obrigação tributária envolve uma prestação pecuniária (art. 3º, CTN). Desse modo, o pagamento do tributo, em moeda ou em valor que nela se possa exprimir, é o comportamento típico, por parte do contribuinte, com vistas à extinção do crédito.

Enquanto, no direito privado, o credor tem a prerrogativa de receber coisa diversa do acordado para extinguir uma obrigação contratual, "no Direito Tributário, o Estado só pode receber, em dação em pagamento, coisa diversa do dinheiro se autorizado por lei" (Coêlho, 2022, p. 566).

O CTN, entre os arts. 157 e 164, traça algumas regras especiais que destoam do pagamento do direito privado, especialmente daquelas encontradas na Lei n. 10.406/2002, o Código Civil Brasileiro (Brasil, 2002).

É preciso frisar que o ato de pagar não é apenas um dever do contribuinte, mas também um direito. Não pode o Fisco recusar-se a receber a quantia devida, colocando entraves ao cumprimento da obrigação.

Em se tratando de pagamento, pode ocorrer ainda que o contribuinte realize um pagamento a maior ou indevido. É o caso, por exemplo, da incorreta aplicação de uma alíquota mais onerosa, por equívoco na interpretação da lei. Nesse caso, o contribuinte pode adotar diferentes estratégias para recompor seu prejuízo. Mazza as sistematiza em quatro categorias, a saber (Mazza, 2022, p. 456):

1) pedido administrativo de restituição;
2) ação de repetição de indébito;

3) requerimento administrativo de compensação;
4) ação ordinária com pedido de compensação.

Atualmente, a compensação tende a ser o meio mais corriqueiro. Essa via será tratada a seguir, já que também constitui um meio de extinção do crédito.

— 7.2.2 —
Compensação

A compensação envolve o encontro contábil entre créditos e débitos do contribuinte em relação à Fazenda Pública. Como já referimos, situações podem ocorrer em que o sujeito passivo pagou a maior determinado tributo, ou foi reconhecida a inconstitucionalidade de uma norma tributária, de modo que ele passou a ter um crédito perante a Fazenda. Para hipóteses como essa, assim prescreve o CTN:

> Art. 170. A lei pode, nas condições e sob as garantias que estipular, ou cuja estipulação em cada caso atribuir à autoridade administrativa, autorizar a compensação de créditos tributários com créditos líquidos e certos, vencidos ou vincendos, do sujeito passivo contra a Fazenda pública. (Brasil, 1966)

Ao utilizar aquele crédito do passado para compensar uma obrigação tributária atual, o contribuinte obtém a extinção do crédito tributário.

Teoricamente, o crédito do sujeito passivo precisa ser homologado pelo Fisco ou por decisão judicial. Na prática, a compensação tem ficado mais ágil em situações corriqueiras como o Imposto sobre Produtos Industrializados (IPI) e o ICMS, nas quais o crédito do contribuinte mostra-se líquido e certo. Na esfera federal, o sujeito passivo pode realizar a compensação informando o crédito na Declaração de Contribuições e Tributos Federais (DCTF) e abatendo o valor recolhido a maior.

Nessa linha, Mazza (2022, p. 457) identifica "três condições gerais para a compensação de tributos no Brasil: a) lei específica autorizando; b) liquidez e certeza dos créditos; c) identidade de partes (os dois créditos devem ser de tributos de competência da mesma Pessoa Política)".

Contudo, nos casos em que o sujeito passivo pretende obter a compensação pela via judicial, porque sustenta que houve uma cobrança a maior, oriunda de uma interpretação equivocada da norma pelo Fisco, a questão é mais complexa. De acordo com o art. 170-A do CTN: "É vedada a compensação mediante o aproveitamento de tributo, objeto de contestação judicial pelo sujeito passivo, antes do trânsito em julgado da respectiva decisão judicial" (Brasil, 1966).

Seguindo essa lógica, igualmente não se poderia autorizar a concessão da compensação, em juízo, por mera decisão liminar. Entretanto,

Com a declaração de inconstitucionalidade de dispositivos da Lei do Mandado de Segurança pela ADI 4.296, entre eles o art. 7º, § 2º, foi invalidada essa proibição de concessão de liminar para a compensação de créditos tributários. (Mazza, 2022, p. 458)

Essa decisão representou uma derrota importante para o Fisco.

Sabbag (2021) sustenta, ainda, que a exigência do trânsito em julgado não se justifica em casos em que ficar patente que a controvérsia teve origem em mero erro de cálculo.

— 7.2.3 —
Transação

No direito privado, a transação é um meio muito comum de extinção das obrigações, pautada pela modificação da situação original (por exemplo: um contrato de compra e venda) por meio de concessões recíprocas quanto a preço, prazo de pagamento, juros, multa contratual etc.

No direito tributário, a transação para a extinção do crédito tributário é possível nos termos do art. 171 do CTN, a saber:

> Art. 171. A lei pode facultar, nas condições que estabeleça, aos sujeitos ativo e passivo da obrigação tributária celebrar transação que, mediante concessões mútuas, importe em determinação de litígio e consequente extinção de crédito tributário.
>
> Parágrafo único. A lei indicará a autoridade competente para autorizar a transação em cada caso. (Brasil, 1966)

De início, já salta aos olhos a necessidade de uma lei específica que apontará as hipóteses e as condições de maneira objetiva. Isso se justifica, mais uma vez, pela prevalência do interesse público. Vemos também que a finalidade é colocar fim a um litígio, vedada a transação na modalidade preventiva (Coêlho, 2022).

Cada ente da Federação tem competência para legislar sobre a matéria. Essas normas, contudo, poderão ser questionadas pelo Ministério Público, entre outras entidades (públicas ou privadas), caso firam a moralidade administrativa ou o interesse público.

— 7.2.4 —
Remissão

A remissão é uma hipótese raríssima de extinção do crédito que sempre dependerá de lei específica oriunda do ente federativo responsável pela instituição do tributo. Trata-se do "perdão, total ou parcial, da dívida tributária" (Mazza, 2022, p. 459) por parte do Fisco.

Suas linhas gerais estão previstas no art. 172 do CTN, que incluem, entre outras, as seguintes hipóteses: consideração da situação econômica do sujeito passivo; ignorância escusável do sujeito passivo, quanto à matéria de fato; valor insignificante do crédito tributário.

— 7.2.5 —
Prescrição e decadência

A prescrição e a decadência estão entre as hipóteses mais importantes e, também, mais controversas de extinção do crédito tributário. Ainda há quem faça confusão entre as duas, pois ambas ocorrem em virtude de um longo decurso de tempo, marcado pela inação do credor.

O sistema tributário é pautado na necessidade de obter recursos pertencentes aos contribuintes, e existem vários mecanismos que privilegiam o crédito tributário e auxiliam o Fisco no combate aos inadimplentes e sonegadores. Não podemos negar, entretanto, que o contribuinte tem direito a viver em um ambiente de segurança jurídica, no qual possa planejar sua vida com razoável previsibilidade.

Desse modo, a sociedade viveria em sobressalto se o Fisco tivesse o poder de, por exemplo, ajuizar uma execução fiscal contra contribuintes que deixaram de pagar parcelas do Imposto Sobre Serviços (ISS) de 1988, por exemplo.

Como poderia o contribuinte se defender dessa cobrança? Teria ele ainda, passados tantos anos, o recibo de pagamento? Ou teria ele como provar, hoje, que não realizou o fato gerador desse tributo?

A razão de ser dos institutos da decadência e da prescrição repousa sobre a crença de que o Fisco deve ser ágil na fiscalização das atividades geradoras do tributo e que não pode ser inerte, por longo tempo, na cobrança daquilo que sabe ser devido. Como se diz nos corredores dos tribunais, o *direito não protege aquele que dorme*.

Nessa linha, decadência e prescrição são causas extintivas que têm por origem um período de inércia do Fisco, que, em regra, é de cinco anos. Essas duas causas, entretanto, não devem ser confundidas, já que ocorrem em momentos distintos e têm particularidades específicas.

Tratando, inicialmente, do aspecto relativo ao momento da ocorrência dos dois institutos, é preciso recordar que o crédito tributário é constituído por um ato administrativo chamado *lançamento*, que pode ser de ofício, por declaração ou por homologação, como já vimos em capítulo anterior. Em brevíssima análise, a decadência envolve uma inércia do Fisco antes do lançamento, ao passo que a prescrição pune a inércia do Fisco após o lançamento.

Imaginemos o seguinte exemplo: um empresário realizou um serviço em favor de um cliente e, maliciosamente, deixou de emitir a nota fiscal, de modo que o ente municipal sequer tomou ciência da ocorrência do fato gerador do Imposto sobre Serviços (ISS). Nessa hipótese, o empresário praticou uma sonegação fiscal, pela qual ele poderá ser punido, caso o ato seja descoberto. O Fisco terá, então, cerca de cinco anos para tomar conhecimento da sonegação praticada e efetuar um lançamento de ofício para a constituição do crédito tributário, com inclusão da multa e dos juros. Caso isso não ocorra no prazo legal, configurar-se-á a decadência, isto é, a extinção do direito de o município realizar o lançamento.

Vemos, portanto, que a decadência não extingue o crédito tributário, pois este sequer havia sido constituído pelo lançamento. Contudo, parte da doutrina interpreta esse fenômeno de maneira sutilmente diversa, afirmando que a decadência é uma "causa de extinção do crédito antes do lançamento" (Mazza, 2022, p. 459).

A decadência não costuma ocorrer em tributos cujo lançamento, pelo seu curso normal, realiza-se de ofício. Não é comum que, iniciando-se um ano fiscal, a prefeitura demore mais do que algumas semanas para realizar o lançamento do Imposto Predial e Territorial Urbano (IPTU). O mesmo procedimento se diga do estado em relação ao lançamento do Imposto sobre Propriedades de Veículos Automotores (IPVA).

Assim, é pouco comum que ocorra a decadência em hipóteses de IPTU ou IPVA. A decadência é um fenômeno típico dos tributos sujeitos a lançamento por homologação, como o ISS, ICMS, IPI, Imposto de Renda (IR) etc., porque a decadência ocorrerá, basicamente, nos casos de sonegação e de cálculo do tributo realizado a menor.

Nesse último caso, pensemos em uma empresa que, por engano, não sonegou a existência da operação, mas aplicou uma alíquota a menor de IPI.

A data de início da contagem do prazo decadencial de cinco anos segue diferentes regras, especialmente, no caso dos tributos sujeitos ao lançamento por homologação.

Antes de apontar as três soluções possíveis, tenhamos em mente os seguintes dispositivos do CTN, entre os quais, o parágrafo 4º do art. 150, que trata do lançamento por homologação:

> § 4º Se a lei não fixar prazo à homologação, será ele de cinco anos, a contar **da ocorrência do fato gerador**; expirado esse prazo sem que a Fazenda Pública se tenha pronunciado, considera-se homologado o lançamento e definitivamente extinto o crédito, **salvo se comprovada a ocorrência de dolo, fraude ou simulação**. (Brasil, 1966, grifo nosso)

E também o art. 173:

> Art. 173. O direito de a Fazenda Pública constituir o crédito tributário extingue-se após 5 (cinco) anos, contados:
>
> I – **do primeiro dia do exercício seguinte** àquele em que o lançamento poderia ter sido efetuado;
>
> II – **da data em que se tornar definitiva a decisão** que houver anulado, por vício formal, o lançamento anteriormente efetuado. (Brasil, 1966, grifo nosso)

Vemos, pois, três diferentes momentos para dar início à contagem do prazo decadencial. Machado Segundo (2022, p. 240) assim cuidou de harmonizar essas regras:

> O prazo de decadência do direito de a Fazenda Pública constituir o crédito tributário é de cinco anos:

a) nos tributos submetidos a lançamento por homologação, contados da ocorrência dos respectivos fatos geradores, salvo a hipótese de dolo, fraude ou simulação (CTN, art. 150, § 4º);

b) nos tributos submetidos a outras modalidades de lançamento, ou no caso de ocorrência de dolo, fraude ou simulação no âmbito de lançamento por homologação, contados do primeiro dia do ano seguinte àquele em que o lançamento já poderia ter sido efetuado (CTN, art. 173, I). Tal prazo é antecipado, porém, se ao longo do ano anterior for tomada alguma medida preparatória para o lançamento, hipótese em que os cinco anos iniciam-se na data dessa medida (CTN, art. 173, parágrafo único);

c) no caso de mera correção de crédito tributário anteriormente anulado por vício formal, contado da data em que se tornar definitiva a decisão que terminar o anulamento respectivo (CTN, art. 173, II).

Os prazos de decadência **não** admitem hipótese de **suspensão**, o que é uma característica benéfica para o contribuinte. Desse modo, para impedir que ocorra a decadência, é necessário que o Fisco efetue a notificação do sujeito passivo quanto à ocorrência do lançamento (CTN, art. 145).

Sob outro ângulo, essa notificação **não** tem o efeito de **interromper** o prazo decadencial, porque ela, na verdade, desloca a cobrança do crédito para um novo patamar, em que não há mais sentido falar em decadência. Conforme ensina Machado Segundo (2022, p. 241):

Feita a notificação ao sujeito passivo da feitura do lançamento enquanto ainda não consumado o prazo decadencial, não mais se cogita de sua fluência. Estando já exigível o crédito tributário, inicia-se a contagem da prescrição do direito de executá-lo.

A **prescrição** não se confunde com a decadência, dado ser a prescrição causa de extinção do crédito tributário **após o lançamento**. No caso do empresário que sonegou o ISS, citado em exemplo anterior, suponhamos que a autoridade fiscal tomou ciência do fato e efetuou o lançamento três anos após a prestação do serviço. Nesse caso, evitou-se o transcurso do prazo decadencial e o lançamento pôde ser efetuado. O Fisco, entretanto, não pode ficar inerte, pois ele dispõe de apenas cinco anos para obter, com o contribuinte, a realização do pagamento. Caso contrário, o crédito tributário será extinto pela prescrição.

Busquemos um exemplo mais simples, envolvendo um tributo sujeito a lançamento de ofício: o município realizou o lançamento de todos os IPTUs da cidade. De acordo com o CTN, art. 174, se o contribuinte não pagar o tributo, "a ação para a cobrança do crédito tributário prescreve em cinco anos, contados da data da sua constituição definitiva" (Brasil, 1966).

O prazo prescricional pode ser interrompido nas seguintes hipóteses (CTN, art. 174, parágrafo único):

I – pelo despacho do juiz que ordenar a citação em execução fiscal;

II – pelo protesto judicial;

III – por qualquer ato judicial que constitua em mora o devedor;

IV – por qualquer ato inequívoco ainda que extrajudicial, que importe em reconhecimento do débito pelo devedor. (Brasil, 1966)

Havendo interrupção, o prazo volta a ser contado do zero. Isso significa que, mesmo tendo ocorrido um ato judicial que constitua em mora o devedor, passados outros cinco anos, o tributo poderá ser atingido pela prescrição.

Repetindo: a decadência ocorre antes do lançamento tributário, e a prescrição, após esse evento. Assim, não é absurdo o ajuizamento de uma execução fiscal, envolvendo ISS, nove anos após a ocorrência do fato gerador.

Por fim, ressaltamos que, após grande discussão jurisprudencial, vingou a tese de que a prescrição também pode ocorrer no curso de uma execução fiscal, caso o Fisco não se esforce o bastante para localizar o devedor ou seus bens. É a chamada *prescrição intercorrente*. Uma vez sedimentado o entendimento dos tribunais, modificou-se a Lei n. 6.830, de 22 de setembro de 1980, que cuida da cobrança judicial da Dívida Ativa da Fazenda Pública (Brasil, 1980).

O art. 40 da referida norma passou a contar com um parágrafo 4º, cuja redação é a seguinte: "Se da decisão que ordenar o arquivamento tiver decorrido o prazo prescricional, o juiz, depois de ouvida a Fazenda Pública, poderá, de ofício, reconhecer a prescrição intercorrente e decretá-la de imediato" (Brasil, 1980).

— 7.2.6 —
Conversão de depósito em renda

Já dissemos que o depósito dos valores em discussão é meio eficaz para a suspensão do crédito tributário (CTN, art. 151, II). Afinal, o crédito vê-se assim garantido, enquanto a controvérsia aventada pelo contribuinte é discutida. Naturalmente, se o contribuinte for derrotado na ação, ao se configurar a coisa julgada, o juiz deverá determinar a conversão do depósito em renda da Fazenda, com a consequente extinção do crédito tributário. É essa a situação prevista no art. 156, inciso VI, do CTN (Brasil, 1966).

— 7.2.7 —
Consignação em pagamento

Pagar o tributo não é apenas um dever do contribuinte, mas também um direito, como já afirmamos. Contudo, ocorrem algumas situações em que esse direito se vê frustrado, justificando, assim, o ajuizamento de uma ação judicial específica. As hipóteses estão previstas no CTN:

> Art. 164. A importância de crédito tributário pode ser consignada judicialmente pelo sujeito passivo, nos casos:
> I – de recusa de recebimento, ou subordinação deste ao pagamento de outro tributo ou de penalidade, ou ao cumprimento de obrigação acessória;

II – de subordinação do recebimento ao cumprimento de exigências administrativas sem fundamento legal;

III – de exigência, por mais de uma pessoa jurídica de direito público, de tributo idêntico sobre um mesmo fato gerador. (Brasil, 1966)

Em qualquer dessas hipóteses, caso o contribuinte venha a obter uma decisão judicial favorável, a importância que ele havia consignado (isto é, depositado em juízo) será convertida em renda da Fazenda, tornando extinto o crédito tributário. Todavia, como alerta Sabbag (2021, p. 226), "se julgada improcedente a consignação, no todo ou em parte, será cobrado o crédito, acrescido de juros de mora, sem prejuízo das penalidades cabíveis (art. 164, § 2º, do CTN)".

— 7.2.8 —
Decisões administrativas ou judiciais irreformáveis

Não há prejuízo em unir, aqui, o breve exame dos incisos IX e X do art. 156 do CTN (Brasil, 1966).

A primeira situação envolve a defesa do contribuinte na esfera administrativa, contra uma cobrança que, ao final, foi reconhecida como indevida pela própria autoridade fiscal. Na segunda, o contribuinte viu-se obrigado a recorrer à esfera judicial, na qual obteve decisão transitada em julgado contra a Fazenda. Em outras palavras, a decisão desses órgãos, reconhecendo que a cobrança era indevida, extingue o crédito tributário que havia sido formado contra o contribuinte.

Contudo, há nuances sutis nessa regra que não permitem sustentar os efeitos da coisa julgada ao pé da letra, como algo absoluto. Essa advertência ficou especialmente clara a partir de dois julgados do STF em 2023. Antes de referi-los, no entanto, é preciso contextualizar a questão.

Na década de 1990, decisões transitadas em julgado consideraram inconstitucional a norma que instituiu a Contribuição Social sobre o Lucro Líquido (CSLL), favorecendo algumas empresas, que se viram desobrigadas a prosseguir o recolhimento dessa exação. Contudo, em 2007, o STF declarou a constitucionalidade da norma nos autos da Ação Direta de Inconstitucionalidade (ADI) n. 15 (STF, 2007). Após essa decisão, a Fazenda Nacional sustentou a tese de que, diante da mudança fática – a declaração de constitucionalidade –, as empresas antes favorecidas deveriam voltar a recolher os tributos pelo menos desde 2007. A questão ficou suspensa por vários anos.

Finalmente, em 2023, o Plenário do STF examinou dois recursos extraordinários – RE n. 955.227 (Tema 885) e RE n. 949.297 (Tema 881) e, adotando em grande parte a tese da Fazenda Nacional, cassou a garantia de contribuintes que não pagavam a CSLL, baseados nas referidas decisões transitadas em julgado da década de 1990. Entendeu o tribunal que todos os contribuintes devem recolher o tributo desde 2007, quando o STF reconheceu sua constitucionalidade.

O STF (2023b) concluiu que uma decisão definitiva, com trânsito em julgado, desde que envolva

> tributos recolhidos de forma continuada, perde seus efeitos caso a Corte se pronuncie em sentido contrário. Isso porque, de acordo com a legislação e a jurisprudência, uma decisão, mesmo transitada em julgado, produz os seus efeitos enquanto perdurar o quadro fático e jurídico que a justificou. Havendo alteração, os efeitos da decisão anterior podem deixar de se produzir.

Os reflexos dessa decisão não são pequenos e geraram reações negativas de operadores do direito, preocupados com o fato de que essa decisão possa afetar ações transitadas em julgado de outros ramos do direito.

Sobre esse assunto, Hugo de Brito Machado Segundo (2023) minimiza a controvérsia sustentando que a decisão do STF não deveria ser tomada com tanta surpresa. Afirma ele que:

> Basicamente o que o Supremo Tribunal Federal fez foi decidir que a sentença que afirma inválida a cobrança de determinado tributo, em uma relação jurídica continuada ou continuativa, produz efeitos para o futuro, abrangendo o período posterior àquele discutido no processo. Entretanto, se houver mudança na situação de fato, ou de direito, os efeitos da sentença, a partir de então, não se produzem mais. Isso, aliás, não foi dito pelo STF, mas pela legislação processual, e pela

própria literatura especializada, há muito tempo. A discussão, em verdade, girava em torno de saber se uma mudança jurisprudencial, em torno do entendimento sufragado na decisão passada em julgado, equivaleria a uma "mudança na situação de fato ou de direito". (Machado Segundo, 2023)

Na hipótese, a maioria dos ministros do STF entendeu que, a partir da fixação da posição do tribunal na referida ADI n. 15 (STF, 2007) – ou mesmo em recurso extraordinário com repercussão geral –, cessam os efeitos da decisão anterior (STF, 2023b). Cinco dos onze ministros, incluindo o Ministro Luiz Fux, entendiam que a cessação dos efeitos somente deveria ocorrer a partir da publicação da ata do julgamento de 2023. Como vemos, a questão é tão controvertida que, quanto ao início dos efeitos, a maioria se deu por apenas um voto.

— 7.2.9 —
Dação em pagamento

Por fim, no inciso XI do art. 156 do CTN, há referência à "dação em pagamento em bens imóveis, na forma e condições estabelecidas em lei" (Brasil, 1966). Essa solução deve ter chamado a atenção do leitor, pois referimos, em capítulo anterior, que o tributo é uma prestação pecuniária, ou seja, que deve ser pago em dinheiro. Mas também dissemos que pode haver exceções, em situações absolutamente excepcionais.

De acordo com Schoueri (2022, p. 756):

> Dação em pagamento é modalidade de extinção das obrigações que encontra inspiração no direito privado (art. 356 do Código Civil): no lugar de o devedor entregar ao credor o objeto da obrigação (a prestação), entrega-lhe bem diverso. Obviamente, a dação em pagamento somente é possível com a anuência do credor. De igual modo, há dação em pagamento quando o sujeito passivo entrega imóvel, e não moeda, em pagamento de tributo.

À luz do direito público, receber um imóvel como pagamento de um tributo é uma solução que oferece alguns riscos para o agente público. O imóvel precisa ser corretamente avaliado, para que não haja prejuízo para a Fazenda Pública. Preferencialmente, o imóvel deve oferecer alguma utilidade ao Estado. Para ressaltar os riscos funcionais incorridos pelo agente público, lembremos que a aquisição voluntária de um imóvel pelo Estado – ou seja, em situações diversas da presente – demanda um processo licitatório. Desse modo, a dação em pagamento deve estar prevista em lei específica, na qual o interesse público precisa estar em destaque.

E assim, com a dação em pagamento, encerramos as hipóteses de extinção do crédito tributário autorizadas pelo CTN. O próximo tema – exclusão do crédito tributário – não pode ser confundido com este.

— 7.3 —
Exclusão do crédito tributário

O CTN dedica um capítulo específico para a exclusão do crédito tributário. Segundo Paulsen (2022, p. 311), as causas de exclusão do crédito tributário "impedem o Fisco de constituir o crédito pelo lançamento e de exigi-lo, seja administrativa ou judicialmente".

Contudo, há quem entenda que o instituto da exclusão destoa do sistema adotado pelo direito tributário brasileiro.

Sacha Navarro Coêlho (2022, p. 603) afirma incisivamente: "Aqui cabe apenas dizer, com absoluta certeza, que exclusão do crédito tributário é expressão vazia de conteúdo. Trata-se de um lamentável erro de técnica cometido quando da codificação do direito tributário". Voltaremos a esse ponto na sequência.

De toda sorte, segundo o art. 175 do CTN, são causas de exclusão do crédito tributário a isenção e a anistia (Brasil, 1966).

A **isenção** não pode ser confundida com a imunidade tributária, embora ambas permitam ao contribuinte não pagar tributo. Ou, como diz Sacha Calmon Coêlho (2022, p. 136): "a imunidade e a isenção são declarações expressas do legislador sobre fatos ou aspectos fáticos, negando-lhes efeitos tributários".

Entretanto, "ao contrário da imunidade, que limita constitucionalmente o exercício da competência tributária, a isenção é o favor legal que dispensa o contribuinte de realizar o pagamento do tributo" (Mazza, 2022, p. 466). Todas as isenções estão previstas em leis – de diferentes entes políticos – nunca na Constituição Federal.

Para citar alguns exemplos de isenção, em alguns estados da Federação, isenta-se do IPVA os automóveis considerados antigos ou aqueles cujo proprietário é pessoa com algum tipo de deficiência. Na esfera federal, embora a obtenção de renda seja fato gerador de imposto, é possível isentar as quantias recebidas por servidor público a título de ajuda de custo e diárias de viagem a trabalho.

Sacha Navarro Coêlho (2022, p. 603) é um grande crítico desse dispositivo do CTN. Entre outras críticas, ele sustenta que "a isenção não exclui crédito algum, pois é fator impeditivo do nascimento da obrigação tributária, ao subtrair fato, ato ou pessoa da hipótese de incidência da norma impositiva".

A **anistia** corresponde ao perdão de uma infração tributária. Ela livra o contribuinte do pagamento da multa, mas não do tributo em si e dos juros. De acordo com o art. 180 do CTN, a anistia não pode ser aplicada para atos qualificados como crime ou para aqueles praticados com dolo, fraude ou simulação (Brasil, 1966).

Caparroz (2021, p. 329) salienta que:

> Na esteira do raciocínio aplicável às isenções, as anistias podem ser gerais (incondicionais) ou limitadas, sendo que nestas o benefício somente se materializa com o despacho da autoridade competente que reconhecer o preenchimento das condições e dos requisitos previstos em lei.

Nem a isenção, nem a anistia dispensam o contribuinte de cumprir as obrigações tributárias acessórias, como emitir notas fiscais e manter a escrituração contábil na forma da lei. Segundo o art. 175, parágrafo único, do CTN, "a exclusão do crédito tributário não dispensa o cumprimento das obrigações acessórias dependentes da obrigação principal cujo crédito seja excluído, ou dela consequente" (Brasil, 1966).

Capítulo 8

*Garantias e privilégios
do crédito tributário*

Vimos que o crédito tributário é constituído por meio do lançamento. A partir desse momento, a obrigação tributária torna-se exigível contra o sujeito passivo. Pois bem, o Código Tributário Nacional (CTN), entre os arts. 183 e 193, trata das garantias e dos privilégios do crédito tributário (Brasil, 1966). São dois termos distintos, mas que cuidam de mecanismos muito importantes para a administração tributária e que incidem sobre situações tão distintas quanto a falência de uma empresa ou a cobrança incidente sobre um bem de família.

Veremos, neste capítulo, seus aspectos principais.

— 8.1 —
Garantias do crédito tributário

As garantias do crédito tributário, previstas entre os arts. 183 e 185-A do CTN, representam instrumentos jurídicos que visam assegurar o cumprimento da obrigação tributária.

De acordo com o art. 184 do CTN:

> Art. 184. Sem prejuízo dos privilégios especiais sobre determinados bens, que sejam previstos em lei, responde pelo pagamento do crédito tributário a totalidade dos bens e das rendas, de qualquer origem ou natureza, do sujeito passivo, seu espólio ou sua massa falida, inclusive os gravados por ônus real ou cláusula de inalienabilidade ou impenhorabilidade, seja qual for a data da constituição do ônus ou da cláusula, excetuados unicamente os bens e rendas que a lei declare absolutamente impenhoráveis. (Brasil, 1966)

Desse modo, por exemplo, o fato de um imóvel estar gravado por uma hipoteca, para garantir uma dívida de seu proprietário com uma instituição bancária, não impede que esse bem venha a ser alienado para satisfazer um crédito tributário. A relação contratual entre banco e correntista, ainda que apoiada por um ônus real, não poderá ser obstáculo para o Fisco, salvo disposição de lei em contrário.

Ademais, entende-se, com base no art. 183 do referido Código, que as garantias previstas no CTN constituem apenas um rol exemplificativo. Nada impede que outras leis venham a criar novas garantias. E isso ocorre, de fato, por exemplo, em relação ao chamado *bem de família*[1].

A Lei n. 8.009, de 29 de março de 1990, em seu art. 3º, inciso IV, dispõe que a impenhorabilidade do bem de família "é oponível em qualquer processo de execução civil, fiscal, previdenciária, trabalhista ou de outra natureza, salvo se movido [...] para cobrança de impostos, predial ou territorial, taxas e contribuições devidas em função do imóvel familiar" (Brasil, 1990).

Assim, uma dívida de Imposto Predial e Territorial Urbano (IPTU) pode dar ensejo a que um bem de família seja alienado para a satisfação do tributo.

Outra preocupação do CTN foi a de impedir que pessoas em débito com o Fisco se desfizessem de seus bens, como manobra

---

1   Em princípio, "o imóvel residencial próprio do casal, ou da entidade familiar, é impenhorável e não responderá por qualquer tipo de dívida civil, comercial, fiscal, previdenciária ou de outra natureza, contraída pelos cônjuges ou pelos pais ou filhos que sejam seus proprietários e nele residam, salvo nas hipóteses previstas nesta lei" (Brasil, 1990, art. 1º).

fraudulenta para impedir a execução da dívida. Daí a redação do art. 185 do CTN, que assim dispõe: "Presume-se fraudulenta a alienação ou oneração de bens ou rendas, ou seu começo, por sujeito passivo em débito para com a Fazenda Pública, por crédito tributário regularmente inscrito como dívida ativa" (Brasil, 1966).

Essa presunção é absoluta.

Contudo, conforme o art. 185, parágrafo único, do CTN, não haverá fraude à execução, "na hipótese de terem sido reservados, pelo devedor, bens ou rendas suficientes ao total pagamento da dívida inscrita" (Brasil, 1966).

Assim, por exemplo, se houve inscrição em dívida ativa de um tributo devido ao município no valor de 10 mil reais, não haverá fraude caso o contribuinte demonstre que ele possui outros bens imóveis além daquele que está sendo alienado e que são hábeis à satisfação da Fazenda municipal.

Como bem alerta Sabbag (2021, p. 235), "uma particularidade da fraude contra credores do direito tributário está no deslocamento do ônus probante para o polo do devedor, diferentemente do direito privado".

A atual redação do art. 185 do CTN tratou de esclarecer o momento exato em que se passa a caracterizar a fraude na seara tributária. Não há necessidade de ajuizamento da execução fiscal. Basta a simples inscrição do crédito em dívida ativa para configurar a fraude na alienação ou a oneração de bens do contribuinte.

Por fim, nesse campo, a introdução do art. 185-A ao CTN, por força da Lei Complementar n. 118, de 9 de fevereiro de 2005, fortaleceu os instrumentos já existentes com vistas à satisfação do crédito tributário (Brasil, 2005).

O referido artigo descreve as consequências impostas ao devedor tributário, já devidamente citado, que não pagar nem apresentar bens à penhora no prazo legal. Caso não sejam encontrados bens penhoráveis, o juiz deve determinar a indisponibilidade de seus bens e direitos. Essa decisão deverá ser comunicada,

> preferencialmente por meio eletrônico, aos órgãos e entidades que promovem registros de transferência de bens, especialmente ao registro público de imóveis e às autoridades supervisoras do mercado bancário e do mercado de capitais, a fim de que, no âmbito de suas atribuições, façam cumprir a ordem judicial. (Brasil, 1966, art. 185-A)

Passemos, agora, ao estudo dos privilégios.

— 8.2 —
Privilégios do crédito tributário

Os privilégios do crédito tributário, a seu turno, tratam da prioridade que milita em favor do Fisco quando houver um concurso de credores envolvendo este e outros interessados no patrimônio do devedor.

Segundo Schoueri (2022, p. 939), "privilégios são espécie do gênero garantias, já que se referem às medidas legislativas concernentes à cobrança do crédito tributário".

Sobre a temática, assim dispõe o art. 186 do CTN: "O crédito tributário prefere a qualquer outro, seja qual for sua natureza ou o tempo de sua constituição, ressalvados os créditos decorrentes da legislação do trabalho ou do acidente de trabalho" (Brasil, 1966).

Preferir significa dizer que ele deve ser satisfeito antes dos outros, dado que os tributos interessam às finanças públicas, à realização, pelo Estado, do interesse público. Havendo recursos insuficientes para honrar todas as dívidas, o patrimônio do devedor deve satisfazer, primeiro, as necessidades da sociedade, para, só depois, satisfazer a dos particulares.

Exceção se faz, como vimos da leitura do art. 186 do CTN, aos "créditos decorrentes da legislação do trabalho ou do acidente de trabalho" (Brasil, 1966). Isso se justifica pela tradição que remonta à década de 1940, de reconhecer o trabalhador assalariado como um hipossuficiente, frequentemente ludibriado pelo patrão e que, muitas vezes, depende dos pagamentos atrasados para se alimentar e pagar suas dívidas. Essas hipóteses urgentes, verdadeiros dramas humanos, justificariam a colocação dessa espécie de crédito à frente do crédito tributário. Essa exceção aplica-se não apenas aos salários, mas também a indenizações de natureza trabalhista.

Conforme destaca Schoueri (2022, p. 939), "fala-se em preferência como subespécie dos privilégios, quando, na ordem dos pagamentos em concurso de credores, se coloca a prioridade do crédito tributário".[12]

Um aspecto importante é o seguinte: admitindo-se que o crédito tributário tem preferência, como isso se exerce na prática quando existem outros credores envolvidos?

O *caput* do art. 187 do CTN determina que "a cobrança judicial do crédito tributário não é sujeita a concurso de credores ou habilitação em falência, recuperação judicial, concordata, inventário ou arrolamento" (Brasil, 1966).

Isso significa que a cobrança do crédito tributário goza de autonomia. Nas palavras de Paulsen (2022. p. 353):

> a execução fiscal ajuizada não é afetada pela superveniência de falência, recuperação judicial, inventário ou arrolamento. Prossegue a execução em seu curso, na Vara em que ajuizada, não se fazendo necessário sequer que o Fisco habilite seu crédito no juízo universal.

---

2   Sobre interdisciplinaridade entre direito tributário e processo civil: no campo da preferência do crédito tributário da União, havia dúvida se o pleito desse ente federativo provocaria o deslocamento de processos judiciais opondo pessoas jurídicas de direito privado para a Justiça Federal. Pensemos, por exemplo, na penhora de um bem imóvel promovida por um banco privado contra um correntista. O Superior Tribunal de Justiça (STJ) colocou fim a essa controvérsia por meio da Súmula n. 270, que assim dispõe: "O protesto pela preferência de crédito, apresentado por ente federal em execução que tramita na Justiça Estadual, não desloca a competência para a Justiça Federal" (STJ, 2002).

Se a execução fiscal, contudo, não teve ainda início quando da decretação da falência, a Fazenda pode optar por habilitar seu crédito com a massa falida, mediante apresentação da Certidão da Dívida Ativa (CDA). Isso é até recomendável, dada a quase certeza de que haverá, na falência, créditos decorrentes da legislação do trabalho ou do acidente de trabalho, que, como vimos, gozam de prioridade ainda maior.

Paulsen (2022) salienta ainda que há forte jurisprudência, referente aos processos falimentares, que admite a habilitação, pela Fazenda, de créditos previdenciários decorrentes de condenações sofridas pela massa falida em ações trabalhistas. Nesse caso, essas verbas podem ser habilitadas "independentemente de ter sido inscrito em dívida ativa, porquanto, nesse caso, o crédito é formalizado pela própria Justiça do Trabalho" (Paulsen, 2022, p. 353).

Essa situação pode ser aprofundada no exame do Recurso Especial n. 1.591.141 de 2017, cuja leitura se recomenda (STJ, 2017).

Quando tratamos dos privilégios do crédito tributário, é interessante diferenciar as hipóteses de *concurso individual* e de *concurso universal* de credores.

O concurso individual de credores ocorre, por exemplo, quando os bens do devedor estão sendo disputados pela Fazenda, que acabou de emitir uma CDA, e um credor que cobra do contribuinte, em ação própria, uma indenização por danos morais. Mesmo que esse credor já tenha obtido a penhora do único bem do devedor/contribuinte, a Fazenda poderá se antecipar a ele para a satisfação do crédito.

O concurso universal é o que se vê na falência e na recuperação judicial de uma empresa. Nesse caso, embora também tenhamos um devedor e dois ou mais credores, os créditos são atraídos para dentro de uma única ação, em um único juízo. Ainda que os credores tenham ajuizado ações diversas para terem reconhecidos seus créditos, estes precisarão ser habilitados no juízo falimentar, no qual o administrador judicial irá ordená-los de acordo com seu nível de preferência e organizar os pagamentos na medida dos recursos disponíveis.

A Fazenda, em princípio, como já dissemos, não precisa se habilitar ante a presunção de legitimidade da dívida ativa. Mas ela precisará respeitar a preferência dos créditos trabalhistas e acidentários.

Entretanto, caso o administrador da massa falida venha a se opor à pretensão da Fazenda Pública, o art. 188, parágrafo 1º, do CTN determina que o juiz da falência remeterá as partes ao juízo da execução fiscal, "mandando reservar bens suficientes à extinção total do crédito e seus acrescidos, se a massa não puder efetuar a garantia da instância por outra forma" (Brasil, 1966).

Em que pese a autonomia do crédito tributário referido, ao se falar do art. 187 do CTN, Paulsen (2022, p. 353) aponta decisões do STJ

> no sentido de que o produto obtido na execução fiscal deve ser enviado, integralmente, ao Juízo da falência, sendo que este, conforme a classificação dos créditos, procederá à satisfação

daqueles preferenciais e, havendo saldo, devolverá o montante necessário à satisfação da dívida ativa.

No que toca às hipóteses de recuperação judicial, quando a empresa goza de certas prerrogativas para evitar a falência e o encerramento de suas atividades, o art. 191-A do CTN adotou uma redação excessivamente rigorosa, que causou sérias controvérsias, a qual assim determina: "A concessão de recuperação judicial depende da apresentação da prova de quitação de todos os tributos, observado o disposto nos arts. 151, 205 e 206 desta Lei" (Brasil, 1966).

Ora, é mais do que natural que uma empresa que necessita de recuperação judicial tenha tributos em atraso. Como conciliar os princípios sociais e econômicos que justificaram a criação da recuperação judicial com a regra restritiva do art. 191-A do CTN?

O texto da lei não facilita essa conciliação. Contudo, o STJ, em 2020, ao examinar o Recurso Especial n. 1.864.625/SP, entendeu que a interpretação do referido dispositivo do CTN não pode ser literal.

> caso se entenda que a ausência das certidões de regularidade fiscal do devedor impede a concessão do benefício recuperatório, sua não apresentação teria como consequência a decretação da falência da sociedade empresária, o que dificultaria o recebimento do crédito tributário, uma vez que ele está classificado em terceiro lugar na ordem de preferência. (STJ, 2020b)

Sob outro ângulo, devemos ter em mente que as sentenças de julgamento de partilha ou adjudicação não poderão ser proferidas, de acordo com o art. 192 do CTN, "sem prova da quitação de todos os tributos relativos aos bens do espólio, ou às suas rendas" (Brasil, 1966).

Outro dispositivo polêmico, também referente às preferências do crédito tributário, é o art. 193 do CTN, que assim determina:

> Art. 193. Salvo quando expressamente autorizado por lei, nenhum departamento da administração pública da União, dos Estados, do Distrito Federal, ou dos Municípios, ou sua autarquia, celebrará contrato ou aceitará proposta em concorrência pública sem que o contratante ou proponente faça prova da quitação de todos os tributos devidos à Fazenda Pública interessada, relativos à atividade em cujo exercício contrata ou concorre. (Brasil, 1966)

Como princípio, a regra é mais do que justificável. Se uma empresa não recolhe o Imposto Sobre Serviços (ISS), não é tolerável que ela vença uma licitação para prestar serviços ao município. As certidões negativas de débito, previstas no art. 205 do CTN, servem para que o contribuinte comprove a quitação de determinado tributo, por exemplo, o IPTU incidente sobre um imóvel que ele pretende alienar.

Admite-se, contudo, que uma empresa, com débito em aberto, possa obter a suspensão do crédito tributário com o intuito de contratar com a Administração Pública. Um caminho para isso é o parcelamento do débito. Nessa hipótese, ela apresentará uma Certidão Positiva com Efeitos de Negativa.

O STJ foi um pouco além, ao entender ser inexigível

> qualquer demonstração de regularidade fiscal para as empresas em recuperação judicial, seja para continuar no exercício de sua atividade (já dispensado pela norma), seja para contratar ou continuar executando contrato com o Poder Público (STJ, 2016).

Embora essa decisão tenha sua razão de ser sob o espírito da manutenção da empresa e dos empregos, destoa dos princípios que regem as licitações públicas. Mas isso é tema a ser discutido pelos manuais de direito administrativo.

Considerações finais

Neste livro, o leitor pôde notar que o Código Tributário Nacional (CTN) e a Constituição Federal (CF) são a espinha dorsal do direito tributário brasileiro, tanto quanto a Constituição Federal o é para o direito financeiro. No entanto, buscamos ter o cuidado de mostrar as críticas que muitos doutrinadores fazem ao CTN, em temas tão diversos quanto o conceito de tributo, o lançamento, a própria constituição do crédito tributário, a exclusão do crédito tributário, entre outros.

De fato, o sistema posto guarda incoerências, muitas delas com consequências práticas. Ainda assim, a criação do Código Tributário Nacional, em 1966, foi uma verdadeira façanha, difícil de ser repetida. Não é fácil um Parlamento, com as características do Legislativo brasileiro atual, somado às peculiaridades de uma Federação em três níveis e com um difícil equilíbrio no campo das competências tributárias, chegar a algum tipo de maioria que permita uma solução tecnicamente mais avançada do que a obra de 1966, conjugada à Constituição Federal de 1988.

Assim, em que pese a grande urgência de profundas reformas, é preciso que tenhamos muito cuidado com aquilo que desejamos, pois o cobertor curto da capacidade contributiva da sociedade brasileira não nos permitirá produzir soluções mágicas.

A resposta há de estar na eficiência tanto da arrecadação quanto do orçamento, dos gastos públicos e da escolha de tributos que equilibrem melhor os fatos geradores relacionados ao consumo com os fatos geradores relacionados ao patrimônio.

De tudo isso, mais uma vez, esperamos que este singelo manual possa não apenas ser útil a esses debates, mas também aos estudantes de direito, aos pós-graduandos e aos operadores do direito em geral.

Referências

ABRAHAM, M. **Curso de direito financeiro brasileiro.** 6. ed. rev., atual. e ampl. Rio de Janeiro: Forense, 2021.

AGÊNCIA SENADO. Com recomposição de despesas, Orçamento terá déficit de R$ 231,5 bi. **Senado Notícias**, 14 dez. 2022. Disponível em: <https://www12.senado.leg.br/noticias/materias/2022/12/14/com-recomposicao-de-despesas-orcamento-tera-deficit-de-r-231-5-bi>. Acesso em: 23 out. 2023.

AIRBNB. **Recolhimento e repasse de impostos de turismo pelo Airbnb na França.** Disponível em: <https://www.airbnb.com.br/help/article/2284/recolhimento-e-repasse-de-impostos-de-turismo-pelo-airbnb-na-fran%C3%A7a>. Acesso em: 23 out. 2023.

ANDRADE, C. A. S. de. A dívida na contabilidade pública. In: CASSETTARI JUNIOR, A. et al. **Dívida pública**. São Paulo: Blucher, 2018. p. 133-161. (Série Direito Financeiro). Disponível em: <https://irbcontas.org.br/wp-content/uploads/2020/08/1509.pdf>. Acesso em: 23 out. 2023.

ARAÚJO, J. de S. **Tripartição dos poderes e funções essenciais à Justiça**. Curitiba: InterSaberes, 2021.

BARUERI. Decreto n. 8.676, de 18 de dezembro de 2017. **Diário Oficial do Município**, 18 dez. 2017. Disponível em: <leismunicipais.com.br/a/sp/b/barueri/decreto/2017/868/8676/decreto-n-8676-2017-dispoe-sobre-os-codigos-para-enquadramento-de-servicos-do-imposto-sobre-servicos-de-qualquer-natureza-issqn-e-da-outras-providencias#:~:text="DISPÕE%20SOBRE%20OS%20CÓDIGOS%20PARA,Art.>. Acesso em: 23 out. 2023.

BORGES, I. F. Lei Orçamentária de 2023 é sancionada com vetos. **Senado Notícias**, 18 jan. 2023. Disponível em: <https://www12.senado.leg.br/noticias/audios/2023/01/lei-orcamentaria-de-2023-e-sancionada-com-vetos#:~:text=A%20Lei%20Or%C3%A7amento%C3%A1ria%20Anual%20para,as%20despesas%20no%20mesmo%20valor>. Acesso em: 23 out. 2023.

BRASIL. Ato das Disposições Constitucionais Transitórias. **Diário Oficial da União**, Brasília, DF, 5 out. 1988a. Disponível em: <https://www2.camara.leg.br/legin/fed/conadc/1988/constituicao.adct-1988-5-outubro-1988-322234-normaatualizada-pl.pdf>. Acesso em: 23 out. 2023.

BRASIL. Constituição da República dos Estados Unidos do Brasil (1891). **Diário Oficial da União**, Rio de Janeiro, RJ, 24 fev. 1891. Disponível em: <https://www.planalto.gov.br/ccivil_03/constituicao/constituicao91.htm>. Acesso em: 23 out. 2023.

BRASIL. Constituição da República Federativa do Brasil (1988). **Diário Oficial da União**, Brasília, DF, 5 out. 1988b. Disponível em: <https://www.planalto.gov.br/ccivil_03/constituicao/constituicao.htm>. Acesso em: 23 out. 2023.

BRASIL. Constituição Política do Império do Brasil (1824). **Coleção de Leis do Império do Brasil**, Rio de Janeiro, RJ, 22 abr. 1824. Disponível em: <https://www.planalto.gov.br/ccivil_03/constituicao/constituicao24.htm>. Acesso em: 23 out. 2023.

BRASIL. Constituição (1988). Emenda Constitucional n. 3, de 17 de março de 1993. **Diário Oficial da União**, Poder Legislativo, Brasília, DF, 18 mar. 1993. Disponível em: <https://www.planalto.gov.br/ccivil_03/constituicao/emendas/emc/emc03.htm>. Acesso em: 23 out. 2023.

BRASIL. Constituição (1988). Emenda Constitucional n. 19, de 4 de junho de 1998. **Diário Oficial da União**, Poder Legislativo, Brasília, DF, 5 jun. 1998. Disponível em: <https://www.planalto.gov.br/ccivil_03/constituicao/Emendas/Emc/emc19.htm>. Acesso em: 23 out. 2023.

BRASIL. Constituição (1988). Emenda Constitucional n. 25, de 14 de fevereiro de 2000. **Diário Oficial da União**, Poder Legislativo, Brasília, DF, 15 fev. 2000a. Disponível em: <http://www.planalto.gov.br/ccivil_03/constituicao/emendas/emc/emc25.htm>. Acesso em: 23 out. 2023.

BRASIL. Constituição (1988). Emenda Constitucional n. 42, de 19 de dezembro de 2003. **Diário Oficial da União**, Poder Executivo, Brasília, DF, 31 dez. 2003a. Disponível em: <https://www.planalto.gov.br/ccivil_03/constituicao/emendas/emc/emc42.htm>. Acesso em: 23 out. 2023.

BRASIL. Constituição (1988). Emenda Constitucional n. 95, de 15 de dezembro de 2016. **Diário Oficial da União**, Poder Legislativo, Brasília, DF, 16 dez. 2016. Disponível em: <https://www.planalto.gov.br/ccivil_03/constituicao/emendas/emc/emc95.htm>. Acesso em: 23 out. 2023.

BRASIL. Constituição (1988). Emenda Constitucional n. 103, de 12 de novembro de 2019. **Diário Oficial da União**, Poder Legislativo, Brasília, DF, 13 nov. 2019a. Disponível em: <https://www.planalto.gov.br/ccivil_03/constituicao/emendas/emc/emc103.htm>. Acesso em: 23 out. 2023.

BRASIL. Constituição (1988). Emenda Constitucional n. 109, de 15 de março de 2021. **Diário Oficial da União**, Poder Legislativo, Brasília, DF, 16 mar. 2021a. Disponível em: <https://www.planalto.gov.br/ccivil_03/constituicao/emendas/emc/emc109.htm>. Acesso em: 23 out. 2023.

BRASIL. Decreto n. 7.574, de 29 de setembro de 2011. **Diário Oficial da União**, Poder Executivo, Brasília, DF, 30 set. 2011a. Disponível em: <http://www.planalto.gov.br/ccivil_03/_ato2011-2014/2011/decreto/d7574.htm>. Acesso em: 23 out. 2023.

BRASIL. Decreto n. 10.888, de 9 de dezembro de 2021. **Diário Oficial da União**, Poder Executivo, Brasília, DF, 9 dez. 2021b. Disponível em: <https://www.planalto.gov.br/ccivil_03/_Ato2019-2022/2021/Decreto/D10888.htm>. Acesso em: 23 out. 2023.

BRASIL. Decreto-Lei n. 2.848 de 7 de dezembro de 1940. **Diário Oficial da União**, Poder Executivo, Brasília, DF, 31 dez. 1940. Disponível em: <http://www.planalto.gov.br/ccivil_03/decreto-lei/del2848compilado.htm>. Acesso em: 23 out. 2023.

BRASIL. Lei n. 4.320, de 17 de março de 1964. **Diário Oficial da União**, Poder Legislativo, Brasília, DF, 23 mar. 1964. Disponível em: <http://www.planalto.gov.br/ccivil_03/leis/l4320.htm>. Acesso em: 23 out. 2023.

BRASIL. Lei n. 5.172, de 25 de outubro de 1966. **Diário Oficial da União**, Poder Legislativo, Brasília, DF, 27 out. 1966. Disponível em: <https://www.planalto.gov.br/ccivil_03/leis/l5172.htm>. Acesso em: 23 out. 2023.

BRASIL. Lei n. 6.830, de 22 de setembro de 1980. **Diário Oficial da União**, Poder Legislativo, Brasília, DF, 22 set. 1980. Disponível em: <https://www.planalto.gov.br/ccivil_03/leis/l6830.htm>. Acesso em: 23 out. 2023.

BRASIL. Lei n. 8.009, de 29 de março de 1990. **Diário Oficial da União**, Poder Legislativo, Brasília, DF, 30 mar. 1990. Disponível em: <http://www.planalto.gov.br/ccivil_03/leis/l8009.htm>. Acesso em: 23 out. 2023.

BRASIL. Lei n. 8.429, de 2 de junho de 1992. **Diário Oficial da União**, Poder Executivo, Brasília, DF, 3 jun. 1992. Disponível em: <https://www.planalto.gov.br/ccivil_03/leis/l8429.htm>. Acesso em: 23 out. 2023.

BRASIL. Lei n. 10.406, de 10 janeiro de 2002. **Diário Oficial da União**, Poder Legislativo, Brasília, DF 11 jan. 2002. Disponível em: <https://www.planalto.gov.br/ccivil_03/leis/2002/l10406compilada.htm>. Acesso em: 23 out. 2023.

BRASIL. Lei n. 12.514, de 28 de outubro de 2011. **Diário Oficial da União**, Poder Executivo, Brasília, DF 31 out. 2011b. Disponível em: <https://www.planalto.gov.br/ccivil_03/_ato2011-2014/2011/lei/l12514.htm>. Acesso em: 23 out. 2023.

BRASIL. Lei n. 13.971, de 27 de dezembro de 2019. **Diário Oficial da União**, Poder Executivo, Brasília, DF, 30 dez. 2019b. Disponível em: <http://www.planalto.gov.br/ccivil_03/_ato2019-2022/2019/lei/L13971.htm>. Acesso em: 23 out. 2023.

BRASIL. Lei n. 14.735, de 17 de janeiro 2023. **Diário Oficial da União**, Poder Executivo, Brasília, DF, 17 jan. 2023a. Disponível em: <https://normas.leg.br/?urn=urn:lex:br:federal:lei:2023-01-17;14535>. Acesso em: 23 out. 2023.

BRASIL. Lei Complementar n. 101, de 4 de maio de 2000. **Diário Oficial da União**, Poder Legislativo, Brasília, DF, 5 maio 2000b. Disponível em: <http://www.planalto.gov.br/ccivil_03/leis/lcp/lcp101.htm>. Acesso em: 23 out. 2023.

BRASIL. Lei Complementar n. 104, de 10 de janeiro de 2001. **Diário Oficial da União**, Poder Executivo, Brasília, DF, 11 jan. 2001. Disponível em: <https://www.planalto.gov.br/ccivil_03/leis/lcp/lcp104.htm>. Acesso em: 23 out. 2023.

BRASIL. Lei Complementar n. 116, de 31 de julho de 2003. **Diário Oficial da União**, Poder Legislativo, Brasília, DF, 1 ago. 2003b. Disponível em: <https://www.planalto.gov.br/ccivil_03/leis/lcp/lcp116.htm>. Acesso em: 23 out. 2023.

BRASIL. Lei Complementar n. 118, de 9 de fevereiro de 2005. **Diário Oficial da União**, Poder Legislativo, Brasília, DF, 9 fev. 2005. Disponível em: <https://www.planalto.gov.br/ccivil_03/leis/lcp/lcp118.htm>. Acesso em: 23 out. 2023.

BRASIL. Lei Complementar n. 200, de 30 de agosto de 2023. **Diário Oficial da União**, Poder Executivo, Brasília, DF, 31 ago. 2023b. Disponível em: <https://www.planalto.gov.br/ccivil_03/leis/lcp/lcp200.htm>. Acesso em: 23 out. 2023.

BRASIL. Medida Provisória n. 1.163, de 28 de fevereiro de 2023. **Diário Oficial da União**, Poder Executivo, Brasília, DF, 1 mar. 2023c. Disponível em: <https://legislacao.presidencia.gov.br/atos/?tipo=MPV&numero=1163&ano=2023&ato=282UTVE10MZpWT396>. Acesso em: 23 out. 2023.

BRASIL. Ministério da Fazenda. Tesouro Nacional. **Carga tributária bruta do Governo Geral chega a 33,90% do PIB em 2021**. 4 abr. 2022. Disponível em: <https://www.gov.br/tesouronacional/pt-br/noticias/carga-tributaria-bruta-do-governo-geral-chega-a-33-90-do-pib-em-2021>. Acesso em: 23 out. 2023.

CAPARROZ, R. **Direito tributário esquematizado**. 5. ed. São Paulo: Saraiva Jur, 2021.

CAPARROZ, R. **Direito tributário esquematizado**. 7. ed. São Paulo: Saraiva Jur, 2023.

CARNEIRO, C. **Curso de direito tributário e financeiro**. 9. ed. São Paulo: Saraiva Jur, 2020.

CASSETTARI JUNIOR, A. et al. **Dívida pública**. São Paulo: Blucher, 2018. (Série Direito Financeiro). Disponível em: <https://irbcontas.org.br/wp-content/uploads/2020/08/1509.pdf>. Acesso em: 23 out. 2023.

CASTRO, A. B.; SOUZA, L. H. N. de. **Código Tributário Nacional comentado**. São Paulo: Saraiva, 2010.

COÊLHO, S. C. N. **Curso de direito tributário brasileiro**. 17. ed. Rio de Janeiro: Forense, 2020.

COÊLHO, S. C. N. **Curso de direito tributário brasileiro**. 18. ed. Rio de Janeiro: Forense, 2022.

CORT, N. D. Por que a dívida pública caiu para 73,5% do PIB em 2022? **Invest News**, 3 fev. 2023. Disponível em: <https://investnews.com.br/economia/por-que-a-divida-publica-caiu-para-735-do-pib-em-2022/>. Acesso em: 23 out. 2023.

COSTA, A. F. da. Termo de ajustamento de gestão: busca consensual de acerto na gestão pública. **Revista TCEMG**, p. 19-33, jul./ago./set. 2014. Disponível em: <https://revista1.tce.mg.gov.br/content/upload/materia/2824.pdf>. Acesso em: 23 out. 2023.

COSTA, R. H. **Curso de direito tributário**. São Paulo: Saraiva Jur, 2022.

FABRETTI, C. C. **Direito tributário aplicado**. São Paulo: Atlas, 2012.

HARADA, K. **Direito financeiro e tributário**. 30 ed. São Paulo: Atlas, 2021.

HARADA, K.; HARADA, M. K. **CTN comentado, artigo por artigo**. São Paulo: Rideel, 2021.

JARDIM, E. M. F. **Manual de direito financeiro e tributário**. 17. ed. São Paulo: Saraiva Jur, 2020.

JARDIM, E. M. F. **Dicionário jurídico tributário**. 2. ed. São Paulo: Saraiva, 1996.

LEITE, G. S. Crédito e empréstimo público. In: MARTINS, I. G. da S.; MENDES, G. F.; NASCIMENTO, C. V. do. (Coord.). **Tratado de direito financeiro**. São Paulo: Saraiva Jur, 2013. v. 2. p. 33-49.

MACHADO, H. de B. **Curso de direito tributário**. 30. ed. rev., atual. e ampl. São Paulo: Malheiros, 2009.

MACHADO SEGUNDO, H. de B. **Manual de direito tributário**. 12. ed. Barueri: Atlas, 2022.

MACHADO SEGUNDO, H. de B. No tema da coisa julgada, houve mesmo surpresa no entendimento do STF? **Consultor Jurídico**, 1º mar. 2023. Disponível em: <https://www.conjur.com.br/2023-mar-01/consultor-tributario-tema-coisa-julgada-houve-surpresa-entendimento-stf>. Acesso em: 23 out. 2023.

MARTINS, I. G. da S. **Uma teoria do tributo**. São Paulo: Quartier Latin, 2005.

MAZZA, A. **Manual de direito tributário**. 8. ed. rev. e atual. São Paulo: Saraiva Jur, 2022.

MAZZA, A. **Manual de direito tributário**. 7. ed. rev. e atual. São Paulo: Saraiva Jur, 2021.

MURAKAMI, E. B. L. **Noções gerais sobre orçamento público e responsabilidade fiscal**. Curitiba: InterSaberes, 2021.

OLIVEIRA, R. F. de. **Direito financeiro**: conceito, autonomia e fontes. In: MARTINS, I. G. da S.; MENDES, G. F.; NASCIMENTO, C. V. do. (Coord.). Tratado de direito financeiro. São Paulo: Saraiva Jur, 2013. v. 1. p. 7-16.

OLIVEIRA, R. F. de.; HORVATH, E. **Manual de direito financeiro**. 6. ed. rev. São Paulo: Revista dos Tribunais, 2003.

PARANÁ. Decreto n. 7.871, de 29 de setembro de 2017. **Diário Oficial do Estado**, Poder executivo, Curitiba, Paraná, 2 out. 2017. Disponível em: <https://www.sefanet.pr.gov.br/dados/SEFA DOCUMENTOS/106201707871.pdf>. Acesso em: 23 out. 2023.

PASCOAL, V. **Direito financeiro e controle externo**. 10. ed. Rio de Janeiro: Forense; São Paulo: Método, 2019.

PAULSEN, L. **Constituição e código tributário comentados à luz da doutrina e da jurisprudência**. 18. ed. São Paulo: Saraiva, 2017.

PAULSEN, L. **Curso de direito tributário completo**. 13. ed. rev. e atual. São Paulo: Saraiva Jur, 2022.

PETTER, L. J. **Direito financeiro**: doutrina, jurisprudência e questões de concurso. Porto Alegre: Verbo Jurídico, 2009.

PISCITELLI, T. **Direito financeiro**. 7. ed. rev., atual. e ampl. São Paulo: Atlas, 2021.

RAMOS FILHO, C. A. de M. **Direito financeiro e econômico**. 4. ed. São Paulo: Saraiva Jur, 2022.

SABBAG, E. **Direito tributário essencial**. 8. ed. rev. e atual. Rio de Janeiro: Método, 2021.

SANTI, E. M. D. de. **Lançamento tributário**. 3. ed. São Paulo: Saraiva, 2010.

SCAFF, F. F.; ROCHA, F. S. S. Equilíbrio orçamentário e sustentabilidade financeira: anotações sobre o Brasil. **Revista dos Tribunais**, v. 101, n. 925, p. 175-201, nov. 2012.

SCHOUERI, L. E. **Direito tributário**. 11. ed. São Paulo: Saraiva Jur, 2022.

SOUZA, M. da C. e. **Instituições e organização do Estado**. Curitiba: InterSaberes, 2018.

SOUZA, M. da C. e. O absolutismo e o progresso da guerra. **Revista do Instituto de Geografia e História Militar do Brasil**, v. 62, n. 88, p. 68-77, 2002. Disponível em: <https://portaldeperiodicos.marinha.mil.br/index.php/ighmb/article/view/3546/3452>. Acesso em: 23 out. 2023.

SOUZA, M. da C. e; SOUZA, P. C. da C. e. A manipulação do valor do imóvel como instrumento de fraude fiscal no Brasil. In: NIETO, E. R.; POZO, M. V. **Tributación de la vivenda em el Derecho español y comparado**: problemas, retos y perspectivas. Barcelona: Huygens Editorial, 2017. p. 77-94.

STF - Supremo Tribunal Federal. Ação Direta de Inconstitucionalidade n. 15/DF. Relator Ministro Sepúlveda Pertence. Tribunal Pleno. Data de julgamento: 14 jun. 2007. **Diário da Justiça**, Brasília, DF, 31 ago. 2007. Disponível em: <https://redir.stf.jus.br/paginadorpub/paginador.jsp?docTP=AC&docID=484298>. Acesso: 23 out. 2023.

STF - Supremo Tribunal Federal. Ação Direta de Inconstitucionalidade n 2.680/RS. Relator: Min. Gilmar Mendes. Data de julgamento: 29 maio 2020. **Diário da Justiça Eletrônico**, 16 jun. 2020. Disponível em: <https://redir.stf.jus.br/paginadorpub/paginador.jsp?docTP=TP&docID=752973149>. Acesso em: 23 out. 2023.

STF – Supremo Tribunal Federal. Ação Direta de Inconstitucionalidade n. 3.281/MG. Relator: Min. Marco Aurélio. Data de julgamento: 24 fev. 2021. **Diário da Justiça Eletrônico**, 19 mar. 2021. Disponível em: <https://jurisprudencia.stf.jus.br/pages/search/sjur442582/false>. Acesso em: 23 out. 2023.

STF – Supremo Tribunal Federal. Agravo Regimental no Recurso Extraordinário com Agravo n. 694.453. Relator: Min. Ricardo Lewandowski. Segunda Turma. Data de julgamento: 25 jun. 2013. **Diário da Justiça**, 12 ago. 2013. Disponível em: <https://redir.stf.jus.br/paginadorpub/paginador.jsp?docTP=TP&docID=4307503>. Acesso em: 23 out. 2023.

STF – Supremo Tribunal Federal. Decisões definitivas sobre questões tributárias perdem eficácia com decisão contrária do STF. **Portal do STF**, 8 fev. 2023a. Disponível em: <https://portal.stf.jus.br/noticias/verNoticiaDetalhe.asp?idConteudo=501996&ori=1>. Acesso em: 23 out. 2023.

STF – Supremo Tribunal Federal. Entenda a decisão sobre "coisa julgada" na área tributária tomada pelo STF. **Portal do STF**, 10 fev. 2023b. Disponível em: <https://portal.stf.jus.br/noticias/verNoticiaDetalhe.asp?idConteudo=502140&ori=1>. Acesso em: 23 out. 2023.

STF – Supremo Tribunal Federal. Mandado de Segurança n. 23.550. Relator: Min. Marco Aurélio. Data de julgamento: 4 abr. 2001. **Diário Oficial da Justiça**, Brasília, DF, 31 out. 2001. Disponível em: <https://redir.stf.jus.br/paginadorpub/paginador.jsp?docTP=AC&docID=85979>. Acesso em: 23 out. 2023.

STF – Supremo Tribunal Federal. Recurso Extraordinário n. 146.733/SP. Relator: Min. Moreira Alves. Tribunal Pleno. Data de julgamento: 29 jun. 1992. **Diário da Justiça**, 6 nov. 1992. Disponível em: <https://jurisprudencia.stf.jus.br/pages/search/sjur107143/false >. Acesso em: 23 out. 2023.

STF – Supremo Tribunal Federal. Recurso Extraordinário n. 949.297 (Tema 881). Relator: Min. Edson Fachin. Tribunal Pleno. Data de julgamento: 8 fev. 2023. **Diário da Justiça Eletrônico**, 10 ago. 2023c. Disponível em: <https://portal.stf.jus.br/processos/downloadPeca.asp?id=15357653486&ext=.pdf>. Acesso em: 23 out. 2023.

STF – Supremo Tribunal Federal. Recurso Extraordinário n. 955.227 (Tema 885). Relator: Min. Luís Roberto Barroso. Tribunal Pleno. Data de julgamento: 8 fev. 2023. **Diário da Justiça Eletrônico**, 10 ago. 2023d. Disponível em: <https://portal.stf.jus.br/processos/downloadPeca.asp?id=15357657888&ext=.pdf>. Acesso em: 23 out. 2023.

STF – Supremo Tribunal Federal. Referendo no Referendo na Medida Cautelar na Arguição de Descumprimento de Preceito Fundamental n. 854 MC-ef-Ref. Relator: Min. Rosa Weber. Tribunal Pleno. Data de julgamento: 17 dez. 2021. **Diário da Justiça Eletrônico**, 23 fev. 2022. Disponível em: <https://portal.stf.jus.br/processos/downloadPeca.asp?id=15349815083&ext=.pdf>. Acesso em: 23 out. 2023.

STF – Supremo Tribunal Federal. Súmula n. 545, de 13 de dezembro de 1969. **Diário da Justiça**, 12 dez. 1969. Disponível em: <https://portal.stf.jus.br/jurisprudencia/sumariosumulas.asp?base=30&sumula=2346>. Acesso em: 23 out. 2023.

STF – Supremo Tribunal Federal. Súmula n. 653, de 24 de setembro de 2003. **Diário da Justiça**, Brasília, DF, 9 out. 2003. Disponível em: <https://jurisprudencia.stf.jus.br/pages/search/seq-sumula653/false>. Acesso em: 23 out. 2023.

STF – Supremo Tribunal Federal. Súmula Vinculante n. 21. **Diário da Justiça Eletrônico**, 10 nov. 2009. Disponível em: <https://portal.stf.jus.br/jurisprudencia/sumariosumulas.asp?base=26&sumula=1255#:~:text=%C3%89%20inconstitucional%20a%20exig%C3%AAncia%20de,para%20admissibilidade%20de%20recurso%20administrativo.>. Acesso em: 23 out. 2023.

STJ – Superior Tribunal de Justiça. Agravo Regimental no Agravo em Recurso Especial n. 709.719/RJ. Relator: Min. Herman Benjamin. Segunda Turma. Data de julgamento: 13 out. 2015. **Diário da Justiça Eletrônico**, 12 fev. 2016. Disponível em: <https://www.jusbrasil.com.br/jurisprudencia/stj/861621401/inteiro-teor-861621409>. Acesso em: 23 out. 2023.

STJ – Superior Tribunal de Justiça. Certidão negativa de débito tributário não é requisito obrigatório para recuperação judicial. **Portal do STJ**, 11 set. 2020a. Disponível em: <https://www.stj.jus.br/sites/portalp/Paginas/Comunicacao/Noticias/11092020-Certidao-negativa-de-debito-tributario-nao-e-requisito-obrigatorio-para-recuperacao-judicial.aspx>. Acesso em: 23 out. 2023.

STJ – Superior Tribunal de Justiça. Embargos de divergência em Recurso Especial n. 374.139/RS. Relator: Min. Castro Meira. Primeira Turma. **Diário da Justiça**, Brasília, DF, 28 fev. 2005. Disponível em: <https://processo.stj.jus.br/SCON/GetInteiroTeorDoAcordao?num_registro=200301257029&dt_publicacao=28/02/2005>. Acesso em: 23 out. 2023.

STJ – Superior Tribunal de Justiça. Recurso Especial n. 281.867/SC. Relator Ministro Peçanha Martins. Segunda Turma. Data de julgamento: 1 abr. 2003. **Diário da Justiça**, Brasília, DF, 26 maio 2003. Disponível em: <https://scon.stj.jus.br/SCON/GetInteiroTeorDoAcordao?num_registro=200001035843&dt_publicacao=26/05/2003>. Acesso em: 23 out. 2023.

STJ – Superior Tribunal de Justiça. Recurso Especial n. 1.490.108/MG. Relator: Min. Gurgel de Faria. Primeira Turma. Data de julgamento: 23 out. 2018. **Diário da Justiça Eletrônico**, 6 nov. 2018. Disponível em: <https://scon.stj.jus.br/SCON/GetInteiroTeorDoAcordao?num_registro=201402723381&dt_publicacao=06/11/2018>. Acesso em: 23 out. 2023.

STJ – Superior Tribunal de Justiça. Recurso Especial n. 1.591.141/SP. Relator: Min. Paulo de Tarso Sanseverino. Terceira Turma. Data de julgamento: 5 dez. 2017. **Diário da Justiça Eletrônico**, 18 dez. 2017. Disponível em: <https://scon.stj.jus.br/SCON/jurisprudencia/toc.jsp?livre=%27201403376131%27.REG.>. Acesso em: 23 out. 2023.

STJ – Superior Tribunal de Justiça. Recurso Especial n. 1.684.690/SP. Relator: Min. Herman Benjamin. Primeira Turma. Data de julgamento: 28 nov. 2018. **Diário da Justiça Eletrônico**, 16 abr. 2019. Disponível em: <http://portaljustica.com.br/acordao/2233375>. Acesso em: 23 out. 2023.

STJ – Superior Tribunal de Justiça. Recurso Especial n. 1.864.625/SP. Relatora: Min. Nancy Andrighi. Terceira Turma. Data de julgamento: 23 jun. 2020b. **Diário da Justiça Eletrônico**, 26 jun. 2020. Disponível em: <https://scon.stj.jus.br/SCON/pesquisar.jsp>. Acesso em: 23 out. 2023.

STJ – Superior Tribunal de Justiça. Súmula n. 436. Primeira Turma. Data de julgamento: 14 abr. 2010. **Diário da Justiça Eletrônico**, 13 maio 2010. Disponível em: <https://www.stj.jus.br/docs_internet/revista/eletronica/stj-revista-sumulas-2017_42_capSumula436-440.pdf>. Acesso em: 23 out. 2023.

STJ – Superior Tribunal de Justiça. Súmula n. 270. Corte Especial. Data de Julgamento: 1 ago. 2002. **Diário da Justiça**, 21 ago. 2002. Disponível em: <https://www.stj.jus.br/publicacaoinstitucional/index.php/sumstj/article/view/5789/5908>. Acesso em: 23 out. 2023.

TEODOROVICZ, J. Apontamentos sobre a evolução dos componentes estruturais do "pressuposto de fato" (fato gerador ou hipótese de incidência) no direito tributário. **Quaestio Iuris**, v. 12, n. 4, p. 718-753, 2019. Disponível em: <https://www.e-publicacoes.uerj.br/index.php/quaestioiuris/article/view/40176/34010>. Acesso em: 23 out. 2023.

TORRES, R. L. **Curso de direito financeiro e tributário**: atualizado até a EC 95/16 e de acordo com o NCPC. 20. ed. rev. e atual. Rio de Janeiro: Processo, 2018.

TORRES, R. L. **Tratado de direito constitucional financeiro e tributário**: constituição financeira, sistema tributário e estado fiscal. Rio de Janeiro: Renovar, 2009. v. I.

Sobre o autor

Marcos da Cunha e Souza é doutor e mestre em Direito pela Pontifícia Universidade Católica do Paraná (PUCPR) e graduado em Direito pela Universidade do Estado do Rio de Janeiro (UERJ). Cursou MBA em Direito da Economia e da Empresa pela Fundação Getúlio Vargas (FGV). Lecionou na Universidade do Rio de Janeiro (Unirio), na Universidade Veiga de Almeida (UVA) e na Universidade do Sul de Santa Catarina (Unisul). Desde 2009, é professor do Centro Universitário Internacional Uninter, além de ministrar aulas em diferentes cursos de pós-graduação, tanto na modalidade presencial quanto EaD. É membro do Instituto de Geografia e História Militar do Brasil (IGHMB) e das Comissões de Direito da Propriedade Intelectual e de Direito Internacional da Ordem dos Advogados do Brasil (OAB). Durante 15 anos, foi assessor da Procuradoria Regional da República no Rio de Janeiro. Suas linhas de pesquisa são: Estado; atividade econômica e desenvolvimento sustentável; e direito econômico e desenvolvimento.

Os papéis utilizados neste livro, certificados por instituições ambientais competentes, são recicláveis, provenientes de fontes renováveis e, portanto, um meio responsável e natural de informação e conhecimento.

FSC
www.fsc.org
MISTO
Papel | Apoiando o manejo florestal responsável
FSC® C103535

Impressão: Reproset